JN439414

빙긋과 쿡

현 대 수 필 가 1 0 0 인 선 · 99

빙긋과 쿡

정진권 수필선

좋은수필사

■ 책머리에

수필은 누구나 부담 없이 읽고, 마음만 먹으면 직접 쓸 수도 있는 가장 친근한 문학이다. 다른 영역의 문학이 영상매체에 밀려 신음하고 있는 중에도 수필 인구만은 날로 증가하여 바야흐로 수필 전성시대를 구가하고 있는 이유도 거기에 있을 것이다.

시대적 추세에 힘입어 수많은 수필전문지, 수필동인지가 창간되고, 이에 비례하여 신진 수필가도 날로 늘어나다 보니 이제는 그 많은 작가, 그 많은 작품 중에서 문학성 높은 작품을 가려 읽는 일이 쉽지 않게 되었다. 이런 현상은 작가에게나 독자에게나 결코 바람직한 일이 아니다. 더 나아가서는 수필을 연구하는 후세들에게도 큰 부담이 될 것이다.

이런 문제를 해결하는 데는 출판인도 마땅히 한몫을 감당해야 한다는 평소의 소신에 따라, 본사가 기꺼이 그 역할을 맡기로 했다. 그 첫 번째 사업으로 시대를 대표할 만한 수필가 100인을 선정하고, 작가가 자선한 40편 내외의 작품을 수록한 문고본을 발간하여 이를 널리 보급함으로써 그 소임을 다하고자 한다.

본사는 사명감을 가지고 이 사업을 추진해 나가기로 했다. 작가 선정을 전담할 편집위원회를 구성하고 전권을 위임하여 일체의 사적인 정실이나 청탁을 배제함으로써 전문성과 공

정성을 확보해 나갈 것이다.

따라서 이 기획물 속에는 작가의 문학정신뿐만 아니라, 본사의 문학사적 기여 의지와 편집위원 제위의 수필문학에 대한 애정과 문인으로서의 양심이 함께 담겨 있음을 자부한다. 다만, 작가를 선정하는 기준에는 많은 견해의 차이가 있을 수 있고, 선정 과정에서도 미처 챙기지 못한 부분이 있을 것이라는 사실만은 인정하지 않을 수 없다. 이 점에 대해서는 관계자 여러분의 양해 있으시기 바란다.

이 시리즈의 발간 순서는 작가, 또는 본사의 사정에 의한 것일 뿐 그 밖의 어떤 기준도 적용하지 않았음을 밝힌다.

본 기획물이 시대를 초월한 많은 수필 애호가들의 관심과 애정 속에 우리나라 수필문학 발전에 한 이정표가 되기를 바랄 뿐이다.

2011년 월

좋은수필 발행인 서 정 환

현대수필가 100인선 간행 편집위원 박 재 식 최 병 호

정 진 권 강 호 형

변 해 명

| 차례 |　　현대수필가100인선 · 99

1_부

2_부

현 대 수 필 가 1 0 0 인 선 · 99

3_부

4_부

농담조 시험설

부자녀유친

안집에 수돗물이

어느 날의 공상

짜장면

비닐우산

비 이야기

마음대로 못 쓴 돈

눈은 왜 두 개일까

농담조 시험설(弄談調試驗說)

인생은 곧 시험試驗되는 과정이다. 믿기지 않으시거든 당신이 낙지落地한 후 이제까지 겪은, 또는 지금도 겪고 있을, 그 수많은 수험受驗의 체험을 상기해 보시라. 초初 중中 고高 대大의 입학시험은 그만두고라도 각종의 자격시험, 취직시험, 맞선 보는 다방의 눈길시험 등등, "나는 시험된다. 고로 존재한다."가 훨씬 더 실감을 자아낸다. 지자천려智者千慮에 필유일실必有一失이라던가? 이 점 분명히 데칼트 씨의 미각未覺이었겠다.

내 인생도 물론 '시험되는 과정'의 예외는 아니다. 그러나 나는 무슨 팔자인지 '시험하는' 사람도 되었다. 그러니까 경애하는 이웃 제현께서는 오로지 시험되는 과정만을 살아가심에 대하여 나는 시험되고 시험하는 양서인생兩棲人生을 살고 있는 것이다. 가로되 선생님, 때로는 핵교 선생놈으로 경칭되는 직업이다.

"하지만 이 하찮은 선생놈이나마 되기 위해서 내가 치른 시험이 그 얼마인데-."

각설하고. 나는 여기서 무슨 대단한 시험설試驗說을 설파說破하여 써 인생의 의의意義를 구명하려는 건 아니다. 다만 지난날의 수험 및 시험의 체험을 추상追想하여 써 일소一笑를 얻으려는 것일 뿐.

국민학교 때의 나는 그래도 중등생中等生은 되었겠다. 더러 100점을 맞으면 집에 돌아와 그 시험지를 방바닥에 아무렇게나 내어던지고 — 실은 어머니께서 잘 보실 수 있도록 의도적인 배치를 고려한 것이지만 — 자못 우등생연優等生然했었다.

중학교에 가서는 점수곡선點數曲線이 좀 무상한 듯하더니, 고등학교에 가서는 그만 그 곡선의 기복起伏이 천양天壤을 왕래하기에 이르렀다. 어제는 열등생劣等生, 오늘은 우등생優等生, 내일은 또 열등생, 이렇게 갈피를 잡을 수 없는 우열등생優劣等生 노릇을 한 1년 하고 났더니, 나도 내가 어떻게 된 건지 알 수가 없었다. 그러나 나는 생각건대 하늘이 나를 교사教師로 만들기 위하여 베푸셨던 은총이 아니었던가 한다. 왜냐하면 나는 지금 낙제선상落第線上에서 허덕이는 학생고學生苦에 대하여 충분한 이해理解를 가지고 있으며, 아울러 우등생 제군의 노심초사勞心焦思함에 대하여도 요해了解의 경지이기 때문이다. 만약 내가 우등생으로만, 또는 열등생으로만 일관하였던들 어찌 이러한 이해 및 요해의 교사일 수 있겠는가?

내가 열등생에서 일약 우등생이 되었을 때의 일이다. 어느 수학시험數學試驗을 치른 다음날, 나는 교무실에 불려가는 영광을 얻었다. 까닭인즉 나의 해법解法이 내 옆자리의 우등생 이모군李某君과 방사倣似하다는 것이다. 그리고 존경하는 선생님께서는

"바른대로 말해라. 실수란 누구에게도 있을 수 있다. 알겠니? 바른대로 말하면 용서해 주마."

하셨다. 나는 울고 싶었지만 꾹 참고 다른 문제로 재시험하시기를 청했다. 그리고 그 자리에서 거침없이 풀었다. 비로소 선생님께서는 나를 우등생으로 인가하시고, "허, 고놈!"을 연발하셨다.

한 번은 또 국어시험國語試驗을 치르는데 '전쟁발발'을 한자漢字로 쓰라는 문제가 났다. 나는 물론 '戰爭勃發'을 거뜬히 써냈지만, 다음날 국어 선생님의 칭찬은 이 유일한(?) 정답생正答生에게가 아니라 엉뚱한 김모군金某君에게 내리셨다. 녀석은 '勃發'을 모르는지라 '戰爭足足'이라고 써냈다 한다.

"일품逸品이야. 위트(wit)란 바로 이런 거란 말이다. 암, 이쯤 되어야 그래도 국어를 공부할 수 있는 것이다. 전쟁족족이라, 戰爭足足."

선생님께서는 50분 한 시간을 그 위트라는 말씀으로 다 때

우셨다. 허나 이 위트 전무全無의 정답생은 그만 씁쓸한 '勃發'을 원망하면서, 10여 년이 지난 지금까지도 족족군足足君에 대한 참패慘敗를 설분雪憤치 못하고 있다.

자, 이제는 시험하는 쪽의 이야기도 좀 해보자. 학교에서 하는 정규고사正規考査, 모의고사模擬考査 외에 무슨 공동출제共同出題라, 또는 무슨 기관機關의 출제의뢰出題依賴 등등, "나는 출제한다. 고로 존재한다."를 실감게 한다. 거기다 채점採點까지 겹치고 보면 참 환장할 만하다. 그러나 그 중에도 씁쓸하나마 일락一樂이 있어 다소의 위안은 얻을 수 있다. 가로되 『홍길동전洪吉童傳』의 작자는 광해군光海君 때 정비석鄭飛石이고, 안녹산安祿山은 중국의 명산으로 난리가 일어났던 곳이고, 향가鄕歌는 신라新羅의 노래까지는 좋은데 현인玄仁이 불렀다는 주註가 붙어 있고 운운云云. 하지만 족족적足足的 위트가 결여되어 있음이 못내 유감이다. 그 옛날 국어 선생님의 엉뚱한 칭찬이 사실은 진리眞理였구나 하는 생각을 나는 채점할 때마다 하는 것이다.

이제 대한민국의 고등학교 1급 정교사인 나의 출제 참패기出題慘敗記를 적어서 이 글을 맺어볼까 한다.

아내가 두 딸아이를 앞에 앉히고 셈본 공부를 했다. 큰애는 네 살, 작은애는 세 살.

"나뭇가지에 참새가 세 마리 앉아 있는데 또 두 마리가 날아와 앉았거든. 그럼 모두 몇 마리?"

"다섯 마리지 뭐."

큰애의 대답이다. 좀 쉽다는 눈치다.

"그런데 그 다섯 마리를 총으로 탕 쐈더니 한 마리가 뚝 떨어졌어. 그럼 몇 마리가 남았을까?"

"네 마리."

"응, 나두 네 마리."

두 아이가 얼른 대답하자 아내가 웃으며 말했다.

"한 마리도 안 남았어. 총소리에 놀라 다 달아났지 뭐."

"피, 그런 셈본 공부가 어디 있어?"

큰애의 토라진 불복이었다. 내가 말했다.

"아이들에게 벌써부터 그런 변칙變則을 가르치면 어떡해? 더구나 그런 문제는 가감加減의 개념보다 오히려 참새는 총으로 쏘아도 좋다는 생각을 더 먼저 넣어 주게 되는 거야."

내 말이 좀 언짢게 들렸던지 아내의 얼굴이 식었다. 나는 담배에 불을 붙였다.

"이번엔 아빠가 어디 좋은 문제를 하나 내볼까? 당신도 잘 들어요, 모범문제模範問題는 어떻게 출제되나. 우선 순수해야 하고, 아이들이 관심을 가지는 소재素材를 선택할 것이고, 또-."

"얼른 해, 아빠."

잔소리가 좀 길었던지 큰애가 뚝 잘라 버렸다.

"그래. 엄마가 시장에서 사과를 세 개 사 왔는데, 아빠가 또 여섯 개를 사 왔거든. 그럼 모두 몇 개지?"

이번에는 작은애가 얼른 내 손을 잡으며

"어디 봐."

했다. 잠시 시무룩했던 아내가 그만 웃었다.

"허위虛僞는 가르쳐도 좋아요? 언제 당신이 사과 한 개 사 왔어요?"

아뿔싸 어려운지고, 수험이여, 시험이여.

-1967

* 저자가 초등학교(당시 국민학교)에 들어갈 때는 시험을 보았었다.

부자녀유친(父子女有親)

첫애를 낳아가지고 시골엘 간 일이 있다. 정거장에 내려서, 아내는 보퉁이를 들고 나는 아이를 안고 천천히 산책삼아 집으로 가는 길에 친척 어른 한 분을 만났다. 저녁을 먹을 때 어머니께서

"너, 아무개 아저씨 만났지? 어른들 앞에서 어린애 안고 다니지 말라고 하시더라."

하셨다. 나는 그저 네 하고 말았지만 속으로는

"아, 옛날 성현聖賢 말씀에 다 부자유친父子有親이라고 했는데요, 뭘."

하고 적잖은 불효不孝를 감행했다.

아이가 둘이 됐다. 둘 다 딸이다. 그때 나는 인천仁川의 어느

고등학교에 있었는데, 딸이 둘이 되고 보니까 교과서에 나오는 '부자유친父子有親'이 눈에 거슬려서 '부자녀유친父子女有親'으로 고쳐 읽었다. 그리고 잔말씀하실 아무개 아저씨도 안 계시는 데니까 안심을 하고, 일요일이 되면 아내와 부부무별夫婦無別로 한 놈씩 안고 극장으로 중국집으로 돌아다니며 부자녀유친(실은 부녀유친)을 했다.

셋째로 사내아이를 낳았다. '정말 부자유친'을 생각하면 흐뭇한데, 아무리 부부무별로 하나씩을 안아도 하나가 남으니까 유친有親할 기회가 점점 줄어들었다. 그리고 서울에 와서 넷째로 사내아이를 하나 더 낳고 보니 이젠 유친금지有親禁止다.

비단 나뿐이랴만 요즈음의 내 생활이라는 것이 참 말씀이 아니다. 아이들이 잘 때 나갔다가 아이들이 잘 때 들어온다. 내가 부부무별로 극진히 우대했던 아내마저도 하숙비나 내라고 할 정도로 내가 격하되고 말았다.

일요일은 나에게 있어서 금싸라기데이(-day)이다. 등산이다, 낚시다, 집요한 유혹을 받지만 당분간은 거기에 넘어갈 수가 없다. 나는 좀 쉬어야 하기 때문이다. 그런데 아이들은 유친하자고 조른다. 창경원엘 가자는 것이다. 그까짓 것 한 번 다녀온다고 재산이 탕진될 리도 없고 열 시간 스무 시간 걸리는 것도 아니지만, 네 아이의 소대장 노릇 하기가 우선 겁난다. 해서 핑계를 댄다.

"사람 많은 데 가면 못 써. 공기도 탁하고."

그러니까 이번엔 공기 좋은 델 가자고 한다.

"어디 그런 데가 있어야지."

"우리 뒷산 있잖아?"

"에이, 뱀이 많아서 못 써."

이래저래 위로 큰애 둘은, 법률상 추호의 결격사유도 없는 이 부父에 대하여 불신임을 내정한 지 오래인 듯하다.

해서 아이들은 제 삼촌을 조르기 시작했다. 졸리다 못한 제 삼촌이 그만 무책임하게도 다음 일요일을 약속했다. 허나 그 대망의 일요일 새벽, 저희 삼촌은 쌀을 씻어 배낭에 넣고 속리 산행行. 지금 이 글을 쓰자니 아이들이 저희 삼촌에게 다짐받는 소리가 들린다.

"그러니까 이번 일요일은 분명히 등산 약속 없단 말이지?"

"그래그래, 분명히 없어."

"그럼 우리랑 가는 거지, 그렇지?"

"그래, 가자. 에헤, 고것들 참."

삼강오륜三綱五倫의 으뜸이 되는 것이, 강綱으로 논지論之하면 부위자강父爲子綱이요, 윤倫으로 논지하면 부자유친父子有親이다. 나는 졸장부 부父니까 처음부터 자子의 강綱이 될 생각은 안 하지만 액면 그대로의 유친만은 하고 싶다. 그래서 나는 그러지 못하는 나에게 굉장한 반발을 느낄 때가 있다. 지난 일요일의 경우는 그 한 예일 것이다. 오전엔 자고, 오후에 책상 앞에 앉아서 무얼 좀 끼적이고 있는데 셋째가 심심한 듯이 다가오더니 나를 툭 친다.

"그러면 못 써. 가서 누나들이랑 놀아."

"누나들 다 나갔어. 엄마는 애기 재우구. 삼촌은 어디 가고 없구."

"네 친구들 있잖아?"

"걔들은 다 즈네 아빠랑 어디 갔단 말야."

나는 벌떡 일어나 넥타이를 맸다.

"어디 가려구 그래, 아빠?"

"너도 어서 양복 갈아입어. 아빠랑 나갔다 오자, 어서."

나는 셋째를 데리고 큰길로 나갔다.

"무어 사 줄까? 무어 먹고 싶니?"

"짜당면."

나는 여기저기 훑어보았다. 중국집이 보인다. 그러나 시내로 들어가자. 나는 택시를 잡았다. 30대 중반의 부父와 5세짜리 자子가 바야흐로 유친을 회복하는 순간이다.

우리는 을지로 입구에서 내려 무턱대고 골목으로 들어갔다. 네온사인이 휘황했다. 헌데 중국집이 안 보인다. 그때 아이가 어떤 집을 가리키며

"아빠, 저 집에선 무얼 팔아?"

하고 물었다. 나는 아이를 이끌고 그 집으로 들어갔다. 맥줏집이다. 우리는 테이블에 마주앉아 샌드위치와 땅콩 등 안주를 가운데 놓고 콜라와 맥주로 대작을 시작했다. 술 심부름

하는 처녀들이 오가며 한 마디씩 붙인다.

"호호호, 조흐흐시겠습니다."

"하향복하시겠사와요, 호호호."

"아암, 성현 말씀에 부자유친이라고 했느니라."

일어설 무렵에, 아이가 남은 안주를 싸다가 제 동생 주자고 했다. 해서 그걸 손수건에 싸서 아이의 손목에 매어주었다. 그리고 골목길을 걸어 나오는데 아이가, 아빠 저거 보라고 한다. 꺼졌다 켜졌다 하는 휘황한 간판이다.

"들어가 봐, 아빠, 응?"

그때 문 앞에서 손님을 모시는 청년이 껄껄 웃으며, 구경이나 시켜 가지고 가라 한다. 그래, 좋다. 아이는 그 휘황찬란한 궁전이 신기한 모양이다(어찌 아이뿐이랴, 아비도 같다). 해서 요것조것 빼놓지 않고 물어댄다. 나는 아는 대로 정성껏 대답을 했다. 일하는 처녀총각들이 이 촌부자村父子의 행동거지를 킬킬거렸다.

집에 돌아와서 아이는 손수건을 풀고 샌드위치와 땅콩 등속을 제 아우에게 선사했다. 그리고 아인 제가 본 것들을 자랑스럽게 이야기했다. 아이의 이야기가 끝나자 아내의 한 마디가 없을 수 없다.

"자알 돼 갑니다."

그리고 이 한 마디에 대한 주석이 무릇 세 개나 있었다. 첫째, 아이를 데리고 술집에 간 것은 교육적으로 보아 씻을 수 없는 과오다. 둘째, 아이가 가자고 해서 갔다고는 하나 실은 아이를 핑계로 자기의 기주벽嗜酒癖을 만족시키려 한 것이니 이는 동심童心에 대한 모독이다. 셋째, 왕복 택시비와 술값 등, 명분 없는 지출을 자행했으니 이는 분수에 맞지 않는 낭비다.

듣고 보니 결과적으로는 그렇게 됐다. 그러나 나는 결단코 아이가 가자고 해서 갔다는 점을 재삼 강조했고, 아이를 위해서 갔노라는 동기動機의 순수성純粹性을 역설했다. 이 점은 다소 양심의 가책을 느꼈다. 실은 아이를 위할 수 없는 나 자신에 대한 반발심을 세척하기 위하여 냅다 달려나간 것이니까.

부자유친(실은 부자녀유친)하기가 점점 어려워진다. 그러나 봄이 오면 꼭 한 번 하겠다. 부부무별로 아이들을 인솔하고, 교육적이고도 덜 낭비적으로, 그리고 못난 아비의 반발심에서가 아닌 순수한 부자유친을 꼭 한 번 하겠다.

-1971

안집에 수돗물이

내가 인천仁川에서 남의 집 전세를 살 때의 일이다. 수도꼭지가 안집(주인집) 부엌에 하나밖에 없어서 우리는 주인네가 물을 다 받은 다음에야 호스를 대고 물을 끌어다 썼다. 그런데 안집의 경제사정이 여의치 못해서 수도료를 내지 못하고, 내지 못했기 때문에 당국에서 나와 수도를 잠그는 일이 종종 있었다. 그러면 별수 없이 우리가 돈을 내어 풀어놓곤 했다. 그때 다섯 살, 네 살이던 우리 집 어린 딸애 둘이 늘 그 꼴을 보았다.

그러다 나는 서울로 전근이 되었다. 당분간 인천에서 기차 통근을 했다. 피곤도 하고 시간도 많이 걸렸다.

"집을 어떡하죠? 매일 기차로 통근할 수도 없고."

아내가 걱정을 했다.

나는 새 직장의 동료이자 내 대학 동기생인 A형兄에게 마땅한 전셋집 하나 구해 달라고 부탁을 했다. 방 둘에 부엌 하나, 직장에서 가깝고 값싼-. 내가 그때 들고 있던 전셋집이 5만 원이니까 아무리 서울이라 해도 10만 원쯤이면 충분할 것으로 생각했다. 그런데 방 둘 부엌 하나로 직장 근처에 있는 것은 모두 20만 원 이상이었다. 그 돈이라면 내가 가진 것의 전부다.

"이러니 어떡하지? 사글세라도 얻어야겠어."

아내는 말이 없었다. 창피한 생각이 들어 돌아눕고 말았다.

이튿날 나는 직장에 사유를 말하고 일찍이 퇴근을 한 다음 A형과 함께 사방팔방으로 집을 보러 뛰어다녔다. 값만 싸면 되었다. 그래 제일 싸다고 해서 찾아간 곳이 B동洞이다. 어느 복덕방에 들렀다.

"방 둘에 부엌 하나로 아담하고 깨끗한 전셋집 나온 것 없습니까?"

"네, 그런 집이 있지요. 값도 싸고."

나는 '값도 싸고'란 말에 귀가 번쩍 띄었다.

"얼마나 갈까요?"

"한 집은 25만 원이고 한 집은 20만 원인데-."

"알았습니다."

뭐 더 할 말이 없었다.

그날도 결정을 못 보고 인천으로 내려갔다. 아이들은 다 잠이 들고 아내는 풀죽은 얼굴로 나를 기다리고 있었다.

"어떻게, 집 구했어요?"

"글쎄, 마땅찮아서-."

한동안 둘 다 말이 없었는데, 아내가 불쑥

"우리, 집을 사요."

하고, 참 괴상한 소리를 했다.

"애들이, 언제 서울로 이사 가느냐고 하도 물어서 곧 간다고 했는데-."

"누가 안 간댔나? 마땅한 집이 없어서 그러지."

헌데 아내의 이야기는 좀 다른 뜻이었다. 애들이 자꾸 물어서 곧 간다고 했더니, 다섯 살짜리가 청승맞은 소리로

"안집에 수돗물이 잘 나와야 할 텐데-."

하더라는 것이다. 순간, 나는 온몸의 피가 거꾸로 치솟는 것 같아서 버럭 소리를 질렀다.

"시끄러워! 언제 저희들이 물 못 먹고 살았나?"

나는 그날 밤을 꼬박이 새웠다. 안집에 수돗물이? 이 아이가 언제부터 우리는 셋방 살 걸로만 알게 되었을까?

이튿날 퇴근 후에 나는 꼭 미친놈처럼 서울의 먼 변두리를 헤맸고, 20만 원밖에 없는 주제에 30만 원짜리 궁궐을 샀다. 대지 20평에 건평 10평, 그래 그건 나의 궁궐이었다. 그 집으로 이사하던 날, 나는 아이들을 불러 수도 앞에 세웠다.

"우리가 안집이다, 알았니? 자, 마음놓고 수도 틀어 봐, 어서!"

-1971

어느 날의 공상(空想)

어느 날 퇴근길에 명동明洞에 나가 사람 구경을 했다. 한마디로, 많구나, 부자구나, 싶었다. 그런데 나는 참 이상하게도 젊은 사람들, 가령 대학생 같은 청년들에게로만 눈이 갔다. 모두 멋있고 혈색도 좋았다. 기묘한 디자인의 복장도 한결같이 비싸 보였다. 장발을 한 청년도 있고 눈언저리가 퍼런 처녀도 있었다.

나는 그들이 좀 낯설어 잠시 눈을 감았다. 시점이 하나 떠오른다. 3학년짜리 남녀 대학생 한 쌍이, 지금 막 새로 산 책의 싱그러운 잉크 냄새를 맡으며 나오고 있다.

우선 남학생의 모습, 그는 기름 바르지 않은 머리가 단정하다. 초롱초롱 빛나는 두 눈에는 정열과 꿈이 함께 서려 있다. 대학생다운 짓궂음도 그 눈빛 속에 은근히 흐른다. 그는 비싸진 않지만 톡톡한 잠바를 입었다. 구두끈도 얌전히 맸다.

다음은 그의 동반자의 모습, 그녀는 결코 미인은 아니지만 건강하고 복스럽고 다정한 얼굴이다. 미소를 잃지 않는 그 얼굴에 두 눈이 서글서글하다. 하얀 블라우스, 녹색 스커트, 그리고 까만 단화도 그녀의 성실성을 잘 설명해 준다.

두 사람은 급우일까, 애인일까? 나는 그들을 조용히 뒤따라 간다. 그들은 욕심 없는 명랑한 얼굴로 즐겁게 이야기를 나누며 가고 있다. 나는 그만 그들 앞에 나서고 만다. 그리고 일금 2천 원을 꺼내 남학생의 손에 선뜻 쥐어준다.

"아니, 이 돈은?"

"지금 드라마센터에 좋은 연극이 있어요. 같이 가 보셔요. 밤이 늦으면 여학생을 집까지 바래다 주셔야 해요. 가는 길에는 별님도 참여할 수 있는 화제를 즐기셔요. 그리고 헤어질 땐 가벼운 악수를-."

"아니, 선생님은 대체 누구십니까?"

"청순하고 아름다운 것을 사랑하는 한 시민-. 자, 굿바이."

그들은 활짝 웃어 주었다. 나는 그들에게 눈 한 번 찡긋해 보이고는 돌아서다가 문득 정신을 차렸다. 명동엔 그들이 없었다.

"잘 됐지 뭘. 내 주머니에 돈도 없는 걸."

나는 이렇게 중얼거리며 어느 이국異國의 낯선 거리를 터덕거리고 있었다.

-1972

짜장면

짜장면은 좀 침침한 작은 중국집에서 먹어야 맛이 난다.

그 방은 퍽 좁아야 하고, 될 수 있는 대로 깨끗하지 못해야 하고, 칸막이에는 콩알만 한 구멍이 몇 개 뚫려 있어야 어울린다. 식탁은 널판으로 아무렇게나 만든 앉은뱅이여야 하고, 그 위엔 담뱃불에 탄 자국들이 검게 또렷하게 무수히 산재해 있어야 정이 간다. 방석도 때에 절어 윤이 나고 손으로 잡으면 단번에 찍 하고 달라붙는 것이어야 앉기에 편하다.

고춧가루 그릇은 약간의 먼지가 끼여 있는 것이 좋고, 금이 갔거나 다소 깨어져 있으면 더욱 운치가 있다. 그리고 그 안에 담긴 고춧가루는 누렇고 굵고 억센 것이어야 한다. 식초병이나 간장병도 다소 때가 끼여 있어야 가벼운 마음으로 손을 댈 수 있다. 짜장면 그릇으로 가장 흔한 것은 희고 납작하게 생긴

것인데, 할 수 있으면 거무스레하고 이가 한두 군데쯤 빠진 것이 좋다.

그리고 그 집 주인은 뚱뚱해야 한다. 머리엔 한 번도 기름을 바른 일이 없고, 인심 좋은 얼굴엔 개기름이 번들거리며, 깨끗하지 못한 손은 소두방만 하고, 신발은 여름이어도 털신이어야 좋다. 나는 그가 때에 전 검은색의 중국옷을 입고 있길 바라지만 지금은 그런 옷을 보기 어려우니 낡은 스웨터로 참아 두자. 어떻든 이런 주인에게 돈을 치르고 나오면 언제나 마음이 편하다.

내가 어려서 최초로 대면한 중국 음식이 짜장면이고(짜장면이 정말 중국의 전통적인 음식인지 어떤지는 따지지 말자.), 내가 처음 가 본 내 고향의 중국집이 그런 집이고, 이따금 흑설탕을 한 봉지씩 싸 주며 "이거 먹어해, 헤헤헤." 하던 그 집 주인이 그런 사람이어서, 나는 중국 음식이라면 우선 짜장면을 생각했고 중국집이나 중국 사람은 다 그런 줄로만 알고 컸다.

스무 살 적 서울에 처음 왔을 때도 나는 짜장면을 잘 사 먹었는데, 그 그릇이나 맛, 그 방 안의 풍경, 비록 흑설탕은 싸 주지 않았으나 그 주인의 모습까지도 내 고향의 그 짜장면, 그 중국집, 그 장궤와 별로 다르지 않았다. 변두리만 다녀서 그랬을까? 해서 내가 처음으로 으리으리한 중국집 그 엄청난 중국 요리 앞에 앉았을 때 나는 그것들이 온통 가짜처럼 보였고 겁이 났고 안 올 데를 왔나 싶었다.

그동안 서울 시골 할 것 없이 음식점은 많이도 불어났다.

한식, 중국식, 일본식, 서양식, 또 무슨 식이 더 있는지 모른다. 값이 비싸다는 데도 있고 보통이라는 데도 있고 싼 듯한 곳도 있다. 비싸다는 곳은 잘 모르지만 보통이라는 데는 더러 가 보았다. 그러나 얻어먹을 때는 불안하고 내가 낼 때는 갈빗대가 휘어서 그곳의 분위기와 음식 맛을 한 번도 제대로 감상하지 못했다.

그러므로 내가 그래도 마음놓고 갈 수 있는 곳은 그 싼 듯한 곳일 수밖에 없고, 그 싼 듯한 곳 중에선 위에 말한 그런 주인의 그런 중국집일 수밖에 없는 것이다. 싸구려 한식은 집에서 늘 먹으니 갈 필요가 없고, 싸구려 왜식이나 양식은 먹어 봤자 국적도 찾을 수가 없기 때문이다.(국적 있는 왜, 양식을 먹으려면 비싸다는 데 내지 최소한 보통이라는 데는 가야 할 것이다.)

그러나 내 친애하는 짜장면 장수 여러분도 자꾸만 집을 수리하고 늘리고 새 시설을 갖추는 모양이다. 돈을 벌고, 나보다 더 훌륭한 고객을 맞고, 그리하여 더 많은 돈을 벌고 싶은 것이야. 물론 그분들의 정당한 소원이겠지만, 그러나 우리 동네와 내 직장 근처에만은 좁고 깨끗하지 못한 중국집과 내 어리던 날의 그 장궤 같은 뚱뚱한 주인이 오래오래 몇만 남아 있었으면 한다.

그러면 나는 어느 토요일 저녁때 혹은 일요일 점심때 호기 있게 내 아이들을 인솔하고 우리 동네 그 중국집으로 갈 것이다. 아내도 그때만은 잠시 가계부를 잊고 흔쾌히 따라나설 것이다. 아이들은 입술에다 볼에다 짜장을 바르고 깔깔대며 맛있게 먹을 것이고, 아내는 잔잔히 웃으며 나와 아이들을 바라볼 것이다. 그러면 나는 모처럼 유능한 가장이 될 수 있을 것이다.

퇴근길에 친구를 만나면 나는 그의 손을 이끌고 내 직장 근처의 그 중국집으로 선뜻 들어갈 것이다. 그리고는 양파 조각에 짜장을 묻혀 들고, 또는 따끈한 군만두 하나를 집어 들고 "이 사람 어서 들어." 하며 고량주 한 병을 맛있게 비운 다음 함께 짜장면을 나눌 것이다. 내 친구도 세상을 좁게 겁 많게 사는 사람이니 나를 보고 그래도 인정 있는 친구라고 할 것 아닌가?

짜장면은 좀 침침한 작은 중국집에서 먹어야 맛이 난다.

-1973

비닐우산

언제 어디서 샀는지 모르지만 우리 집에도 헌 비닐우산이 몇 된다. 아시다시피 한 번 쓰고 나면 버려도 좋을 이 비닐우산은 한 군데도 탄탄한 데가 없다. 눈만 흘겨도 금방 부러질 듯한 살하며 당장이라도 팔랑거리며 살을 떠날 것 같은 비닐덮개하며 참 볼품없는 우산이다. 그러나 그런대로 우리의 사랑을 받을 만한 덕을 갖추고 있으니 아주 몰라라 할 수는 없을 듯하다.

우리가 길을 가다가 갑자기 비를 만났을 때 가난한 주머니로 쉽게 사 쓸 수 있는 우산은 이것밖에 없다. 물건에 비해서 값이 싼지 비싼지는 알 수 없지만, 어떻든 '一金百원也'로 비를 안 맞을 수 있다면 이는 틀림없이 비닐우산의 덕이 아니겠는가?

값이 이렇기 때문에 어디다 놓고 와도 섭섭지 않은 것이 또

이 비닐우산이다. 가령 우리가 퇴근길에 들른 대폿집에다 헝겊우산을 놓고 나왔다고 생각해 보라. 우리의 대부분은 버스를 돌려 타고 그리로 뛰어갈 것이다. 그래서 헝겊우산을 받고 나온 날은 그 우산을 어디다 놓고 올까 봐 신경을 쓰게 된다. 하지만 하루온종일 썩인 머리로 대포 한잔 하는 자리에서까지 우산 간수 때문에 조바심할 수는 없는 일 아닌가? 버리고 와도 아까울 게 없는 비닐우산은 그래서 좋은 것이다.

비닐우산을 받고 위를 쳐다보면, 우산 위에 떨어져 흐르는 맑은 빗방울이 보인다. 가만히 귀를 기울이면 그 빗방울들이 떨어지며 내는 싱그러운 빗소리도 들린다. 투명한 비닐덮개 위로 흐르는 그 맑은 빗방울, 묘한 리듬을 튕겨내는 그 싱그러운 빗소리, 단돈 百원으로 사기에는 너무 미안한 예술이다.

바람이 좀 세게 불면 비닐우산은 곧잘 뒤집힌다. 그것을 바로잡는 한동안, 옷은 다소 비를 맞지만 우리는 즐거운 짜증을 체험할 수 있고, 또 행인들에게는 가벼우나마 한때의 밝은 미소를 선사할 수 있어서 좋다. 그날이 그날인 듯 다람쥐 쳇바퀴 돌듯 하는 우리의 지루한 생활 속에, 그것은 반 박자짜리 쉼표처럼 산뜻한 변화를 불러일으키는 것이다.

좀 오래된 이야기 하나. 퇴근을 하려고 일어서다 보니 창밖에 부슬부슬 비가 내리고 있었다. 나는 캐비닛 뒤에 두었던 헌 비닐우산을 펴들고 사무실을 나왔다. 살이 한 개 부러져 있었다. 버스정류장으로 가는 길, 비가 갑자기 세차졌다. 머리는 어떻게 가렸지만 옷은 다 젖다시피 했다. 그때였다. 누군가가 뛰어들었다. 책가방을 든 어린 소녀였다. 젖은 이마에 머리카락이 흩어져 있었다. 예고도 없이 뛰어든 그 침입자는 다만 미소로써 양해를 구할 뿐 말이 없었다. 우리는 버스정류장까지 함께 걸었다. 옷은 젖지만, 그래도 우산을 받고 있다는 안도감이 거기 있었다. 이윽고 소녀의 버스가 먼저 왔다. 미소와 목례를 함께 보내고 소녀는 떠났다. 이상한 공허감이 비닐우산 속에 남았다.

나도 곧 버스를 탔다. 피곤해서 한참 눈을 감았다가 떴다. 버스가 막 미아리고개에 서고 있었다. 비는 여전히 쏟아지는데 정류장엔 우산 꽃이 만발했다. 아버지를 기다리는 아들딸들, 오빠나 누나를 기다리는 오누이들, 남편을 마중 나온 아낙네들일 것이다. 버스에서 내린 사람들은 용케도 자기를 맞으러 나온 우산을 잘 찾아내는 듯했다. 잠시였지만 아름다운 풍경이었다.

그때 차창 밖 저만치에 한 여인이 보였다. 그녀는 비닐우산을 받쳐 들고 버스 안을 살폈다. 남편을 기다리는 신혼의 여인이었을까? 버스는 또 떠났다. 그녀는 우두커니 서 있었다. 몇 번이나 버스를 그냥 보냈을까? 말없이 떠나는 버스를 조금은 섭섭하게 바라볼 그녀의 고운 눈매가 눈앞에 어른거렸다. 나는 또 눈을 감았다. 다음 버스에선 그녀가 기다리는 사람이 꼭 내렸을 것이다. 그리고 용케 알아보고는 그녀의 비닐우산

속으로 성큼 뛰어들었을 것이다. 왜 이렇게 늦었느냐는 원망의 눈길과 미안해하는 은근한 미소, 찬비에 두 몸이 다 젖는대도 그 사랑은 식지 않을 것이다.

비닐우산은 참 볼품없는 우산이다. 그러나 몰라라 하기에는 너무 좋은 우산이다. 그리고 값싼 인생을 살며, 조금만 바람이 불어도 넘어질 듯 부실한 사람, 그런 몸으로나마 아이들의 머리 위에 내리는 찬비를 가려주려고 버둥대는 삶, 비닐우산은 어쩌면 나와 비슷한 데도 적지 않은 것 같아서 때때로 혼자 받고 비 오는 길을 걸어보는 우산이기도 하다.

-1975

비 이야기

아직 응달의 눈이 다 녹지 않은 2월 어느 날에 내리는 비는, 조금은 선뜩하지만 그래도 매서운 맛은 없다. 밤에 자다가 이 빗소리를 들으면, 길고 긴 추위로부터의 해방을 예고하는 듯, 혹은 잠자는 새싹을 불러 깨우는 듯, 그 도란거리는 소리에 갑자기 몸이 가려워진다.

이 비 그치면 먼 산 응달에 남은 눈도 가시고 냇가 긴 둑의 마른 잔디도 푸른빛이 어려 온다. 그때 목련나무는 꽃이 벌고 라일락도 눈이 튼다. 생명의 생명다움을 가장 아름답게 실현시키는 것, 나는 이 봄비에서 그 선구자의 모습을 본다.

다음은 7월 어느 날, 그 무더운 정오를 택하여 천지를 휘갈기는 소나기로 화제를 옮기자. 땅은 불에라도 달구듯 달아오르고, 그래서 땅에서 난 모든 것들이 목이 타 축축 늘어져 있는 모습, 그것은 참으로 안타까운 절망이 아닐 수 없다. 아, 그때 어디선가 검은 구름이 모여들고, 갑자기 우두두둑, 어느새 세차게 내리꽂는 소나기, 늘어졌던 잎사귀는 생기를 되찾고 어린 나뭇가지는 한 뼘을 부쩍 큰다.

자, 불볕 아래 눅진거리던 아스팔트도 좀 보자. 내리꽂는 소나기로 부옇게 물보라가 인다. 갑자기 비를 만나 허둥대는 시민들의 즐거운 당황, 거리는 어느새 활기가 넘친다. 그럴 때 나는 10층 사무실의 시원스런 창변에 기대선다. 그러면 뿌연 비안개 속에 오밀조밀 서 있는 빌딩들, 빗속을 질주하는 귀여운 승용차들, 한 아름 주워다가 막내의 모자란 장난감에 보태주고 싶었다.

가을날에 뿌리는 비는 느리고도 구슬픈 음악 같다. 슬픈 사연이 없어도 가슴을 허비는 첼로의 나직한 선율처럼 가을비는 애절하게 우리의 가슴을 적신다. 추수도 끝난 빈들에 가을비 쓸쓸히 내리고, 그 비에 함초롬히 젖는 들국화의 가녀린 몸짓, 소 몰러 들에 간 소년은 옷 젖는 줄을 몰랐다. 아름다움이란 본시 애수哀愁의 딴 이름일까? 차가운 가을비에 외로이 하늘거리는 들국화의 창백한 미소, 그것은 애수란 말 없이는 표현할 수 없는 아름다움이었다.

이 비 그치면 광화문의 포도鋪道 위엔 노란 은행잎이 흩날리고 어느 대학 캠퍼스엔 후박나무 넓은 잎이 뚝뚝 진다. 귀여운 소녀는 은행잎을 주워서 책갈피에 꽂고 꿈 많은 처녀는 낙엽을

밟으며 고개를 숙이는 계절-. 머잖아 서리가 내린다. 그러면 눈 시리게 푸른 가을 하늘에 주렁주렁 노란 감이 매달린다. 그것은 달려가 안기고 싶은 고향의 모습이다.

겨울에도 비는 내린다. 그러나 겨울에 내리는 비엔 사연이 없다. 사연이 없다는 말밖에는 쓸 게 없는 겨울비, 측은한 노파의 눈물 같은 겨울비를 두고 무엇을 더 쓸 수 있을까? 눈[雪]으로 내려야 할 것이 비가 되어 올 때 우리가 가지는 감상은 다만 처연한 실망뿐이다.

자, 우리는 다시 봄비로 돌아가자. 아직 응달의 눈이 다 녹지 않은 2월 어느 날에 내리는 비는, 조금은 선뜩하지만 그래도.

—1975

마음대로 못 쓴 돈

피천득皮千得 선생의 글에 "나는 우선 내 마음대로 쓸 수 있는 돈이 지금 돈으로 한 만萬 원쯤 생기기도 하는 생활을 사랑한다(「나의 사랑하는 생활」)."는 구절이 있다. 사실 마음대로 쓸 수 있는 돈 만 원은 여간 매력 있는 게 아니다.

요 얼마 전에 나는 어느 단체에서 현상 모집한 어린이들의 글을 심사해 준 일이 있다. 그랬더니 지난주 금요일에 돈 만 원을 가지고 왔다. 나는 돈을 받고 영수증에 도장을 찍을 때 여간 흔쾌한 기분이 아니었다. 그건 분명히 내 마음대로 쓸 수 있는 돈이었다.

그날 퇴근시간에 나는 A선생께 전화를 드리려고 했다. 선생은 내 은사요, 또 늘 나를 사랑해 주시는 분이다. 일전에도 지나가는 길이라 하시면서 내가 일하는 곳에 들르셨는데, 마침

회의 중이어서 차도 한잔 대접해 드리지 못했다. 그래서 나는 A선생을 어디 조용한 음식점으로 모시고

"선생님, 무엇이든 맛있는 것으로 드십시오."

하는 말씀을 드리고 싶었다.

그리고 만일 선생께서, 월급쟁이 제자의 허술한 주머니를 걱정하신 나머지 가락국수가 맛있다고 하시면, 나는 난생처음으로 강력한 반대의사를 표시해 볼 심산이었다. 그러면 선생께선 나의 허세虛勢에 미소를 보내시면서 가락국수보다는 좀 나은 걸로 주문을 하실 것이다. 그리고 선생께선 약주를 안 하시지만 내가 돌아앉아 한 잔 하는 것은 용서해 주실 것이다.

나는 수화기를 들었다. 그때가 일곱 시였다. 나는 곧 수화기를 도로 놓았다. 아직 해는 좀 남았지만, 어쩌면 저녁 식탁에 앉아 계실지도 모른다. 혹은 안락의자에 피곤한 몸을 누이시고 베토벤을 들으실 수도 있다. 시내까지 나오시려면 한 시간은 걸린다. 더구나 선생께선 버스만 타신다. 버스를 타시다가 실물失物하신 일도 있다. 다음날에 내가 댁으로 찾아뵈어야지, 나는 전화를 드릴 수가 없었다.

그러고 보니 주머니에 든 만 원의 매력이 갑자기 감소되는 듯했다. 나는 천천히 사무실을 나왔다. 그때 문득 B군의 얼굴이 떠올랐다. 그는 고등학교 때의 단짝친구, 지금은 자그마한 공장을 돌리면서 장사를 하고 있다. 나는 그에게 전화를 걸려고 다방으로 들어갔다. 손님들이 많아서 잠시 기다리다가 전

화를 했다. 통화 중이었다. 나는 커피 한 잔을 주문하고 담배를 꺼냈다.

B군은 이따금 전화를 해 주었다. 그의 전화는 늘 소주나 한 잔 하자는 것, 아니면 오향장육에 고량주 한잔 어떠냐는 것이었다. 그래 우리는 횟집에서 소주를 들거나 중국집에서 배갈 잔을 나누는 일이 종종 있었다. 헌데 그럴 때마다 B군이 술값을 치렀다. 어쩌다 내가 좀 내려고 하면, 그가 팔을 저으며 관둬 관둬 했다. 나는 그날 그를 불러내서 중국집으로 끌고 갈 생각이었다. 그리고 오향장육보다는 좀 나은 안주를 주문하고 넉넉한 마음으로 한잔 나누리라 했다. 우리가 일어설 때, 만일 또 그가 관둬 관둬 하면서 돈을 꺼내면

"너, 사람을 어떻게 아는 거니?"

하고선, 그의 아래 위를 한 번 쓱 훑어본 뒤에 천천히 돈을 치를 생각이었다. 나는 B군의 어이없어 하는 얼굴도 한 번 보고 싶었다. 그러나 내가 다시 전화를 했을 때 그는 자리에 없었다. 약속이 있어서 나갔다는 것이다.

나는 별수 없이 집으로 가는 버스를 탔다. 꼭 오늘만이 날이냐 하면서도 조금은 섭한 생각이 들었다. 버스는 만원이었다. 발 디딜 틈도 없었다. 나는 한 손으로 바지주머니에 든 봉투를 꼭 쥐고 겨우 숨이나 쉬며 갔다. 그리고 버스에서 내렸을 때 그 돈 봉투를 꺼내보았다. 5천 원짜리 두 장이 무사했다.

나는 그 돈을 마음대로 쓰고 싶어 정류장 근처 어느 가게로

쑥 들어갔다. 그리고 이것저것 두리번거리다가 아이스크림 한 통과 소주 한 병을 샀다. 아이스크림은 아이들과 아내가 좋아하고 소주는 내가 즐기는 물건이다. 그런데 술은 먹다 남은 것이 집에 좀 있는데 왜 또 샀는지 모르겠다. 나는 5천 원을 선뜻 내주고 4천 원을 거슬러 받았다. 두 장으로 된 만 원보다 다섯 장으로 된 9천 원이 훨씬 더 부유한 느낌을 주었다.

그런데 동네 어귀에서 한동네 사는 C씨를 만났다. 어디 가느냐고 인사를 했더니, 꼭 쓸 일이 있어서 돈 좀 얻으러 나왔는데 혹 만 원쯤 없느냐고 되물었다. 나는 9천 원에 1천 원을 보태서 만 원을 주었다. 그는 고맙다면서

"선생님 못 만났으면 큰길까지 갈 뻔했습니다. 내일 점심때쯤 사모님께 가져다 드리겠습니다."

하고는 바쁘다는 듯이 두 팔을 저으며 되돌아갔다. 나는 좋도록 하라는 말밖엔 하지 못했다. 내일 점심때쯤 내 아내는 반가워하면서 그 돈을 받겠지만 나에게 돌려줄 생각은 안 할 것이다.

세상에는 마음대로 쓸 수 있는 돈이 한 만 원쯤 생겨도 마음대로 쓰지 못하는 사람이 더러 있는 모양이다.

-1976

눈은 왜 두 개일까

A가 나에게 와서 "봉우리가 참 높더라."했다. 그때 나는 그가 본 봉우리가 정말 높을 것이라고 생각했다. 그는 더없이 성실한 사람이므로 거짓말을 할 리가 없기 때문이다. 그 얼마 후, A와 함께 산을 다녀온 B가 와서 "골짜기가 참 깊더라." 했다. 나는 물론 그의 말도 믿었다. B도 A와 다름없이 성실한 사람이기 때문이다.

며칠이 지났다. A가 다시 와서 "골짜기가 깊은 것이 아니라 봉우리가 높은 것이다." 했다. 그러자 금방 B가 따라와서 "봉우리가 높은 것이 아니라 골짜기가 깊은 것이다." 했다. 둘 다 더할 수 없이 성실한 사람들, 추호도 거짓말을 할 리가 없는 이들의 말이 왜 이렇게 다를까?

나는 내 눈으로 그들이 본 산을 못 보았기 때문에 아무 말도 할 수가 없었다. 그러나 그들이 돌아가고 난 다음에 이런 생각은 했다.

"A의 말대로 봉우리는 정말 높을 것이다. B의 말대로 골짜기는 정말 깊을 것이다. 그러나 A는 봉우리의 높음에 치우쳐 골짜기의 깊음을 못 보았고, B는 골짜기의 깊음에 치우쳐 봉우리의 높음을 못 보았을 것이다. 만일 그들이 위와 아래를 고루 보았다면, '봉우리는 높고 골짜기는 깊더라.'고 똑같은 말을 했을 것이다."

나는 국민학교 4학년 때 해방을 맞았다. 그때까지 우리가 배우던 책은 모두 위에서 아래로 내려쓴 것인데 새로 배우게 된 책은 다 왼쪽에서 바른쪽으로 가로쓴 것이었다. 나는 그것이 눈에 퍽 설었다. 그런데 그 무렵, 누구에겐가 대강 다음과 같은 말을 들은 일이 있다.

"사람의 눈을 보라. 모두 가로로 째져 있다. 그러므로 눈동자는 세로로 굴리기보다 가로로 굴리는 것이 더 편리하다. 그렇다면 책도 세로쓰기보다 가로쓰기가 더 편리하지 않겠는가? 이것이 과학科學이다. 미국이 일본을 이긴 까닭이 여기 있다. 미국은 가로쓰기를 하고 일본은 세로쓰기를 한다."

나는 이 말을 듣고 말할 수 없는 경이감驚異感에 사로잡혔다. 편리, 과학, 눈은 가로로 째져 있다-. 아하, 이렇게 신통한 말도 있는가?

중학교 1학년이 되어서 얼마 안 된 어느 날의 일이다. 마침 공부시간에 '과학'에 관한 토론이 있었다. 나는 당당하게 손을 들어 발언권을 얻었다. 그리고 국민학교 때 들은 그 이야기를 청산유수처럼 '발표'를 한 뒤에

"그러므로 우리는 무엇이든지 눈동자를 왼쪽에서 바른 쪽으로 굴리며 보아야 합니다. 이것이 바로 과학입니다."

하고 결론을 맺었다. 나의 이 발표에 압도되어 교실은 쥐 죽은 듯이 조용했다. 나는 선생님의 칭찬을 기대하면서 자랑스럽게 어깨를 펴고 자리에 돌아와 앉았다. 그런데 선생님은 이렇게 말씀하셨다.

"정鄭 군의 말에도 일리는 있지만, 그러나 모든 것을 다 눈동자를 가로로 굴리며 보아야 한다는 것은 좀 이상하군. 가령 우리가 전봇대의 높이를 눈어림으로 재본다고 해봐. 그럴 때 우리는 고개를 모로 누이고 전봇대를 보아야 할까? 조금 더 연구해 보았으면 좋겠군."

나는 이 말씀을 듣고 어린 마음에도 여간 부끄러운 게 아니었다.

봉우리에 치우쳐 골짜기를 못 보거나 골짜기에 빠져서 봉우리를 잊는 일이 나에게 없기를, 가로에 끌려서 세로를 지나치거나 세로에 혹하여 가로를 깨닫지 못하는 일이 나에게 없기를, 나는 진실로 바라며 살고 있다. 그러나 '사실'을 사실대로

보지 못하는 일이 비일비재한 것은 무슨 까닭일까? 가드너의 다음 몇 줄은 꼭 나를 두고 한 말 같다.

"요컨대 우리들 모두가 인생人生을 걸어가는 데 있어서 각자의 취미趣味나 직업職業이나 편견偏見으로 물든 안경을 쓰고 가는 것이고, 이웃 사람들을 우리 자신의 자尺로 재고 자기류自己流의 산술算術로 그들을 계산한다 하겠다. 우리는 주관적主觀的으로 보지 객관적客觀的으로 보지는 않는 것이다. 곧, 볼 수 있는 것을 보는 것이지 실제로 있는 그대로를 보는 것이 아니다. 우리가 사실이라고 하는 그 다채로운 것을 알아보려고 할 때 수없이 실패를 하는 것은 결코 이상한 일이 아니다." -「모자 철학」

사람의 눈이 두 개라는 것은 다만 우연일까? 어떤 의미인가를 상징하는 것은 아닐까? 정말 눈은 왜 두 개일까?

-1977

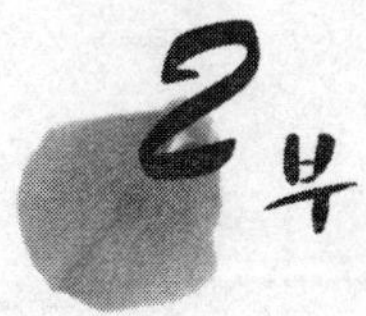
2부

묘목설(苗木說)

우리 이웃집 마당가에 감나무가 한 그루 서 있다. 철 따라 잎이 나고 꽃이 피고 열매가 맺힌다. 마침내 늦가을 어느 날에 문득 바라본 그 감나무에는 노랗고 소담스러운 감들이 주렁주렁 매달려 있다. 그것은 고향의 모습이다.

"우리 집에도 한 그루 사다 심어야겠다."

그때마다 나는 이렇게 생각했지만, 그러나 겨울을 지나는 동안에 잊고 잊고 했다. 그리고 다시 이 봄을 맞은 것이다.

어제는 날씨가 퍽 좋았다. 맑은 하늘, 따뜻한 햇볕, 모두 은혜로운 것들이다. 나는 뜰을 거닐었다. 목련꽃은 환히 피었는데 배꽃은 이제 막 벌려 한다. 은행나무 움트는 소리도 들릴 것만 같다. 나는 문득 감나무를 생각했다.

"오늘은 한 그루 사다 심어야겠다."

그때 전화벨이 울렸다. 여고女高 1학년짜리 우리 집 큰애를 찾는 어느 사내 녀석이었다.

"저 국민학교 동창인데요."

"지금 집에 없는데 무슨 일이지?"

"동창회를 열려는데 상의 좀 했으면 해서요."

"그래? 그런 건 말이지, 남자 동창들이 결정을 해서 통지만 해주면 되는 거야. 전화 같은 것 하지 말고. 알았지?"

"네."

나는 전화를 끊고 곧 집을 나섰다. 어째 좀 우스웠다. 동창회 관계로 상의 좀 하겠다는 걸 나는 왜 막았을까? 비교적 자유롭게 연애도 해본 내가 어떻게 이처럼 완고해졌을까? 그러나 그것은 내가 남의 부모가 되었기 때문일 것이다.

얼마 전에도 어느 사내아이의 전화를 받은 일이 있다. 역시 국민학교 동창이라면서 큰애를 찾는 전화였다.

"무슨 일이지?"

"저, 좀 사귀고 싶어서요."

녀석의 목소리는 퍽 떨렸다.

"한창 공부할 때인데 계집애나 사귀어서 되겠니? 부지런히 공부해서 원하는 대학에 들어가도록 해라. 그 다음에 나한테 연락하면 내가 만나게 해 주마."

"네."

그때도 나는 이렇게 말하고 전화를 끊었다. 나의 이러한 행동은 어떤 리버럴한 학자들의 빈축을 살는지 모른다. 그러나 나는 완고해질 수밖에 없는 한낱 평범한 아비임을 면할 수가 없다. 그리고 이 완고함은 이 아이들의 좋은 성장을 기원하는 데서 비롯되었다는 변명도 여기 적어두고 싶다.

종로鐘路에는 묘목들이 많았다. 나는 회초리만 한 감나무 묘목을 한 그루 샀다. 그리고 역시 고만 한 대추나무 묘목도 두 그루를 샀다. 대추나무에 붉은 대추가 알알이 열리면 그것도 그리운 고향의 모습이다.

집에 돌아와서 나는 그 어린 나무들을 정성을 다해 심었다. 심고 보니 너무 어린 것을 사 왔구나 하는 생각도 들었다.

"이놈들이 언제 큰다?"

그러나 틀림없이 클 것이다. 나무를 키우는 것은 하느님께서 하시는 일이므로 나의 책임은 아니다. 나는 다만 나무가 크리라는 믿음만 가짐으로써 족하다. 하지만 하느님께서 키우신다 하더라도 필요한 시간은 있어야 할 것이니 조급하게 생각할 것은 없다.

"이놈들도 때가 되면 열매를 맺을까?"

크는 과정에서 병들지 않으면 좋은 열매를 많이 맺을 것이다. 병들지 않게 하는 일, 하느님은 물론 병들지 않게도 하실 수 있지만, 그러나 그것은 나무를 가꾸는 사람이 책임질 일이다. 자식을 기르는 부모가 책임질 일인 것이다.

나는 오늘 아침 혼자 뜰에 서서 학교에 가는 아이들과 어린 묘목들을 번갈아 바라보았다. 그리고 좋은 성장을 빌어 마지 않았다.

-1977

중전(中殿)과 시녀(侍女)

“이번 일요일 오후엔 남편과 함께 영화 보러 가야지.”

아마 이런 생각을 가지고 일요일을 기다리는 신혼新婚의 여성도 있을 것이다. 나는 그녀의 이 아름다운 소망이 꼭 이루어지기를 부러움 속에 바라고 있다. 아니, 영화나 보고 돌아오는 그런 무미한 것이어서는 안 된다. 영화가 끝날 무렵이면 이미 저녁때가 아닌가?

“비프스테이크?”

그게 좀 비싸면 갈비구이에 시원한 냉면도 있다.

저녁을 먹고 나면 하늘에 별이 뜰 것이다. 그리고 지금도 덕수궁 뒷길은 예나 다름없이 한적하다. 자, 팔짱도 좀 끼고-.

“여보, 아까 그 영화, 너무 가슴 아파요.”

화제는 우선 영화 이야기, 그리고 연애하던 이야기, 그 중에서도 약속 어겼다고 토라졌던 이야기, 신혼여행의 그 부끄럽던 이야기, 이따금 하늘의 푸른 별도 좀 쳐다보면서-.

돌아오는 길엔 택시를 타도 좋다. 월급쟁이 남편에겐 좀 미안하지만, 그러나 이런 밤까지 너무 알뜰할 필요는 없다. 그러면 사랑과 신뢰를 실은 그 택시는 무수한 헤드라이트 속을 헤치며 그들의 보금자리로 달릴 것이다.

연탄불 꺼진 단칸 셋방인들 어떠랴. 이제 막 돌아오신 상감과 중전께서 입술을 포개시면, 온 천하 백성들의 축복을 받아 훈훈한 궁궐이 되는 것을.

결혼한 지 18년 되는 사람이 있다. 그의 아내도 잠시나마 그와 함께 영화 보러 가기를 원했고, 또 그도 아내의 그런 소원을 들어주는 것이 기뻤다. 그런데 언제부터인지 그의 아내는 그런 소원을 말하지 않는다. 말만 안 하는 것일까, 생각마저도 안 하는 것일까? 지금 그는 그의 아내가

"여보, 우리 이번 일요일 오후에 영화 보러 가요, 네?"

하고 말하는 모습을 상상해 본다. 그러나 그의 아내가 이렇게 말하기는 당분간 어려울 것 같다. 그의 큰애의 스웨터가 낡았기 때문이다.

그래도 그들 내외가 가령 어느 영화관엘 들어갔다 나오고, 또 때가 마침 저녁 무렵이라고 생각해 보자. 그는 오랜만의 외출이므로 냉면이라도 한 그릇 했으면 할지 모른다. 그러나

그의 아내는

"애들이 기다려요."

하면서 팔을 끌 것이다. 그의 둘째아이의 신발이 낡은 것을 그도 본 일이 있다.

그래도 어떻든 그들 내외가 어느 음식점엘 들렀다가 나왔다고 하자. 그러면 그는

"여보, 우리 저 덕수궁 뒷길 좀 거닐다 갈까?"

하고 말할 것이다. 그러면 그의 아내는 어떻게 할까? 지금까지 나는 이 구혼舊婚의 한 쌍에 대한 상상을 비교적 자신 있게 말해 왔다. 그러나 이 대목에서는 그의 아내가 어떤 반응을 일으킬지 분명히 알 수가 없다.

"그러셔요. 아이, 저 사람들 좀 봐. 애인들인가 봐요."

어쩌면 이렇게 말하면서 그의 팔을 낄는지 모른다. 그러나 어쩌면 또

"어서 가요. 연탄불이 어떻게 되었는지, 원."

하고 토큰을 사러 뛰어갈는지도 모른다. 어느 쪽일까?

어느 쪽이든 그들은 결국 버스를 타고 돌아오겠지만, 그러나 두 입술을 포개는 상감과 중전마마가 되기는 어려울 것이다. 그는 마감이 촉박한 원고를 쓰러 책상에 붙어 앉을 것이고, 그의 아내는 연탄을 갈러 지하실로 뛰어갈 테니까.

"이번 일요일 오후엔 남편과 함께 영화 보러 가야지."

아마 이런 생각을 가지고 일요일을 기다리는 신혼의 여성도 있을 것이다. 나는 머잖아 잃어버리게 될 그녀의 이 아름다운 소망이 꼭 실현되기를 아무 부러움 없이 빌면서 한 구혼 여성의 말을 그에게 전한다.

"그러셔요. 꼭 다녀오셔요. 아이들이 서넛씩 되면 정신 못 차려요. 중전마마의 시절은 짧고 시녀의 시절은 길답니다. 꼭 다녀오셔요. 냉면도 사 먹고 덕수궁 뒷길도 별 보며 걷고, 그리고 돌아오는 길엔 택시도 타셔요. 즐거워서 하는 시녀 노릇이지만 고달픔은 마찬가지, 짧으나마 중전마마의 시절이 없었다면 시녀의 이 고달픔을 어떻게 견디나요? 안녕히-."

-1978

아름다운 삶의 뜰

우리 집 뜰은 낮에 해가 잘 든다. 좁기는 하지만 아름다운 삶이 있다. 꽈리, 딸기, 고추, 호박-. 빛나는 해는 그 밝은 빛으로 이들의 삶을 지켜준다. 나는 친정어머니처럼 이따금 이 삶들을 들여다본다. 밥은 제대로 끓여먹는지, 잠은 제대로 자는지, 아픈 아이는 없는지, 이런 생각을 하면서.

꽈리는 요 몇 년 전에 누가 주어서 한 포기 심은 것인데, 지금은 담 밑을 온통 다 차지하고 있다. 봄에 솟아나는 꽈리싹은 도무지 그 수를 셀 수가 없을 만큼 많다. 참으로 왕성한 생명력이다. 여름이 되면 연둣빛 꽈리가 팥알만 하게 맺힌다. 이윽고 그것들이 자라 빨갛게 익으면 꼭 등을 달아놓은 것 같다. 가지마다 주렁주렁 매달린 등불, 사월초파일 밤의 어느 절보다도 더 많을 것이다. 무슨 소원이 그리도 간절하기에 그토록 많은 등을 다는 걸까? 왕성한 삶에의 의지와 간절한 기원, 꽈리는 이런 것으로 하여 해마다 짙은 삶을 누리나 보다.

딸기도 재작년에 누가 주어서 두어 포기 심은 것인데, 이것도 쭉쭉 순을 뻗쳐 새끼를 치더니 어느새 십여 호가 넘는 한 마을이 되었다. 이 딸기는, 벌레 먹은 잎새를 보면 좀 안쓰러우나 그 속에 피는 하얀 꽃은 여간 순결해 보이질 않는다. 그 꽃이 지는가 하면 푸르뎅뎅한 열매가 맺힌다. 그러다가 어느 날 문득 생각나 들여다보면 그 열매들이 어느새 자라 선혈 빛으로 물들어 있는 것이다. 그것들은 작으나마 불타는 정열의 표상이다. 비록 벌레에 시달린다 하더라도 순결과 정열은 딸기가 추구하는 삶의 변치 않는 주제인 듯하다.

고추는 해마다 몇 포기씩 사다 심는다. 이 어린 녀석들이 한 뼘 남짓 자라면 하얀 꽃이 핀다. 크지도 눈부시지도 않은 겸허한 꽃이다. 그 꽃이 지는가 하면 녹두알 같은 열매가 맺힌다. 그때 불볕이 내리쬔다. 소나기도 퍼붓는다. 그동안에 열매는 풋고추로 의젓하게 자라 있다. 불볕과 소나기에 시달린 흔적은 찾아볼 수 없다. 푸르고 싱싱한 몸에 윤이 흐른다. 호되게 맵다. 그러나 풋고추는 더 매울 날을 기다린다. 꽃으로는 겸허하면서 열매로는 호되게 매운 고추, 그러면서도 더 매울 날을 기다리는 그의 삶은 함부로 범하기 어려운 데가 있다.

호박도 몇 포기씩 해마다 사다 심는다. 호박은 잎새가 깔끔하질 못하다. 꽃도 싱겁게 크기만 한 것이 여간 헤퍼 보이질 않는다. 그런 것이 또 꼭 남의 신세를 진다. 꽈리도 딸기도 고추도 다 제 힘으로 제 삶을 버티는데 이것은 하다못해 썩은 새끼줄이라도 감아야 올라간다. 그러나 그런대로 또 감동적인 장면이 있으니-, 간밤에 무서리가 내린 어느 날 아침 문득 보면, 소담스런 호박 몇 덩이를 남겨 놓고 저는 이미 죽어 있는 것이다. 볼품도 없고 남의 신세나 졌지만, 그러나 그의 한 삶의 징표가 뚜렷하니 이 또한 후회 없는 삶이 아니겠는가?

우리 집 뜰의 이런 삶들 위에 벌들이 날아온다. 이들은 꽃에서 꽃으로 날아다니며 꿀을 딴다. 꽃들은 이들을 맞으며 열매를 맺는다. 이리하여 양쪽이 함께 하느님의 뜻을 실현한다. 흰나비와 노랑나비도 날아온다. 이들은 아름다운 춤을 추어 우리 집 뜰의 여러 삶의 노고를 위로한다. 하루도 거르지 않고 찾아와 노래하는 것은 참새들이다. 이들은 그 노래로써 하느님의 은혜를 찬양하고 우리 집 뜰의 여러 삶들의 아름다움을 예찬한다. 벌들도 나비들도 참새들도 모두 다 고맙고 소중한 존재가 아닐 수 없다. 그들의 삶 또한 아름답지 않은가?

우리 집 뜰은 밤에 별이 많이 뜬다. 좁기는 하지만 넉넉한 안식이 있다. 꽈리, 딸기, 고추, 호박-. 푸른 별들은 그 맑은 빛으로 이들의 안식을 지켜준다. 나는 뜰 한 바퀴 둘러보고 별 한 번 쳐다보고 방으로 들어온다. 딸네 집을 떠나는 친정어머니처럼 다음에 또 들여다볼 것을 생각하면서.

-1986

작은 운동장의 큰 가르침

내 연구실은 2층에 있다. 이 연구실의 창가에 서면 저 아래로 운동장이 내려다보인다. 이 운동장은 겨우 축구장 하나가 들어갈 만한, 어찌 보면 시골 초등학교 운동장 같은 아주 작은 규모의 것이다. 그래서 그런지 이 운동장을 내려다보면, 내가 다니던 시골 초등학교의 그 귀여운 운동장이 생각날 때가 있다.

아무것도 모르는 1학년이었을 때, 나는 그 운동장에서 난생 처음으로 줄 서는 법을 배웠다. 가로세로가 다 같이 똑바른 줄, 잠시도 가만히 있지 못하고 뛰어다니던 어린 나에게 그것은 질서秩序에 대한 최초의 눈뜸이었다. 나에게 다소나마 질서의식秩序意識 같은 것이 있다면, 그것은 그 운동장에서의 그러한 체험 때문일 것이다. 나는 또 그 운동장에서 다른 아이들과 경주하는 법을 배웠다. 모든 주자들에게 똑같은 출발선, 모든 주자들에게 동시에 들리는 선생님의 화약총 소리, 나에게만 유리한 것이 제일인 줄 알고 떼를 쓰던 어린 나에게 그것은 공평公平에 대한 최초의 체험이었다. 나에게 다소나마 불공평不公平에 대한 혐오감이 있다면, 이 역시 그 운동장에서의 그러한 체험 때문일 것이다. 나는 차차 상급생으로 자라면서 기마전을 배우고, 축구를 배우고, 줄다리기를 배웠다. 참여하는 모든 사람이 한마음으로 힘을 모아야 하는 그 경기들, 힘든 일은 가능하면 남에게 미루려던 어린 나에게 그것은 협동協同의 참뜻을 가르쳐 주었다. 여러 사람과 함께하는 일에 미력微力이나마 다하려는 생각이 다소나마 나에게 있다면, 이 또한 그 운동장의 덕분일 것이다. 내가 다니던 초등학교의 그 작은 운동장, 그것은 인간이 갖추어야 할 가장 기본적基本的인 덕목德目들을 나에게 가르쳐 준 위대한 교실이었다.

그러나 그 운동장은 다만 도덕道德의 교실만은 아니었다. 그 운동장의 북쪽 둘레에는 어리고 귀여운 손들이 가꾸는 예쁜 꽃밭이 있었다. 거기서는 봉숭아가 피고, 채송화가 피고, 맨드라미가 피었다. 해바라기도 드문드문 노란 얼굴을 들고 서 있었다. 그 예쁜 꽃밭 위로는 흰나비와 노랑나비가 날았다. 호랑나비도 날았다. 어린 나는 그 꽃밭에 물을 주면서 생명生命 있는 것들의 아름다움을 느끼게 되었다. 그 운동장의 서쪽 둘레에는 수십 년씩 된 플라타너스가 띄엄띄엄 서 있었다. 나는 방과 후에 그림자를 길게 늘어뜨린 그 플라타너스에 기대서서 여자 반의 그 예쁜 아이가 운동장을 지나갈 때까지 기다릴 때가 있었다. 싸움을 하고 토라진 우리 반 아이가 웃으며 다가오는 환상을 그리며 서 있을 때도 있었다. 그런 날에 나는 플라타너스 그늘에다 돌조각으로 낙서를 하며 인간人間에 대한 그리움을 체험하게 되었다. 시험을 잘못 보거나 숙제를 잘 해 가지 못한 벌로 청소를 하고 늦게 돌아가는 날이면, 나는 아무도 만나기 싫어 텅 빈 그 운동장을 서성거렸다. 그러다 보면 서산에 저녁놀이 붉고, 때로는 어느새 별이 뜨기도 했다. 나는 어둠이 깔린 운동장 한구석의 작은 그네에 혼자 앉아, 아버지와 어머니로도 메울 수 없는 고독孤獨을 맛보게 되었다. 내가 다니던 초등학교의 그 작은 운동장, 그것은 인간이 갖추어야 할 고운 정서情緖를 나에게 길러 준 자상한 교실이었다.

그 운동장을 생각할 때 잊을 수 없는 것은 역시 가을 운동회다. 푸른 가을 하늘에는 만국기가 휘날리고 운동장 가엔 마을 사람들이 빽빽이 들어찼다. 하얀 바지를 입은 어선생님의 오르간 행진곡은 확성기를 타고 운동장 가득 흘러넘쳤다. 우리는 그 운동장에서 매스게임을 하고 경주를 하고 기마전을 벌였다. 그것은 그동안 배워 온 질서의 아름다움, 공평한 경쟁의 떳떳함, 협동의 미더움을 드러내는 즐거운 잔치였다. 나는 그 가을 운동회의 경주에서 2등을 하고 뛸 듯이 기뻐한 일이 있다. 기마전에 나아가 한 기騎도 쳐부수지 못하고 침몰했을 때에는 또 얼마나 허무했던가? 어느새 나의 작은 가슴도 희비애환喜悲哀歡을 알 만큼 자랐던 것이다. 운동회 날의 점심시간은 참으로 풍요했다. 나무 그늘에 두 집, 세 집이 함께 음식을 벌여 놓고 청군 백군 할 것 없이 서로 나누던 정다운 모습, 사람은 서로 경쟁도 하지만 동시에 서로 돕고 사랑하며 산다는 것을 구체적으로 보여 주던 그 아름다운 정경이 지금도 눈에 선하다. 내가 다니던 초등학교의 그 작은 운동장, 그것은 이렇게 우리의 도덕적, 정서적 성장을 확인해 주고, 인간에 대한 새로운 이해를 가지게 한 존귀한 교실이었다.

오늘도 나는 연구실의 창가에 서서 운동장을 내려다보았다. 내가 세상에 대하여 다소나마 도덕적 관심을 가지고 살게 된 것이 사실이라면 이는 얼마나 고마운 일인가? 과히 비뚤어지지 않은 정서를 가지게 된 것, 이따금이나마 인간이란 어떤 존재인가를 생각하며 살게 된 것도 여간 고마운 일이 아니다. 물론, 나는 어떤 도덕적 결단에 있어서 용기가 없다든지, 감동적인 사물에 대하여도 아무런 정서적 반응을 나타내지 못한다든지, 그리고 인간에 대한 이해가 협소하거나 편견에 사로잡힌다든지 할 때가 없지 않다. 그러나 그것은 옛날 그 운동장의 가르침이 모자라서가 아니라, 그 가르침을 온전히 간직하지 못한 나의 결함에 말미암은 것이다. 잠시 이런 생각을 하며 내려다본 운동장에는 차차 석양빛이 물들고 있었다. 옛날 그 운동장의 플라타너스들이 그림자를 길게 늘어뜨릴 그런 시각이었다. 어떤 아이가 또 그 플라타너스에 기대섰을까?

-1987

일요 드라이브

불안, 초조, 자네는 초보운전의 이런 고뇌를 이해할 수 있겠는가? 초보운전 제현께서는 깊이 수긍되는 바가 있을 것이네만, 숙달된 자네야 벌써 잊었겠지. 아, 얼마나 되었느냐구? 면허증을 딴 지는 한 1년 되었네. 1년이면 아무리 둔한 사람이라도 제법 차를 몰 줄 안다 이 말인가? 하기는 그렇지. 허나 나는 아직도 초보운전일세. 다만 초보운전이라고 써 붙이지만 않았을 뿐이지. 워낙 둔한 탓도 있지만, 술 먹을 일 있으면 집에 놓아두고, 몸이 개운치 못하면 전철 타고, 아이들이 필요하다고 하면 내주고, 그러니 운전 솜씨가 늘 리 있나? 그래도 이번 여름방학엔 말일세, 거의 매주 일요일마다 마누라를 대동하고 드라이브라는 걸 했다네. 어디 사연이나 한 번 들어 보게나.

어쩌면 자네도 옛 생각이 날는지 모르지.

참 오늘이 며칠인가? 그러고 보니 방학도 며칠 안 남았군. 그런데 그동안 난 하루도 못 쉬었어. 귀찮아서 손도 안 대고 미루어 놓았던 잔일들, 좀 하다가 힘들어 덮어두었던 이런저런 일들이 연구실에 수북이 쌓여 있었거든. 남들은 설악산에 다녀왔다, 무주 구천동이 좋더라 하는데, 남편이라는 건 눈만 뜨면 학교로 가 버리지, 허구한 날 집 안에 갇혀 밥 짓고 빨래하고 청소하고, 게다가 겨우 돌 지난 외손녀까지 매달려 있으니, 마누라의 속이 좋을 리 있겠나? 해서 마누라의 노고를 위로하는 방법으로 고안해낸 것이 일요일의 드라이브라는 것일세. 마누라도 2박 3일이니 어쩌니 하는 것은 단념한 지 오래니까 서너 시간의 드라이브로 만족할 줄을 아네. 어떻든 마누라는 초보운전을 조금도 불안해하지 않고 기쁜 얼굴로 내 곁에 앉는다네. 우리가 살림을 차린 지도 머잖아 30년 아닌가? 언제나 노심초사 벨트를 매고 초보운전처럼 전전긍긍 살아온 우리들, 마누라가 벨트 매는 것을 보고 문득 이런 생각을 한 일이 있네.

지난 일요일에는 광릉에 다녀왔네. 우리 집은 미아리, 코스는 의정부로 해서 광릉, 돌아올 때는 태릉을 거쳤네. 미아리에서 의정부에 이르는 길은 일요일의 이른 아침인데도 차가 많았어. 제한속도는 60킬로지만 모두가 총알 같아. 참, 운전을 할 때는 흐름을 잘 타야 한다지 않던가? 다 빨리 달리는데 나 혼자만 더디게 가도 안 되고 그 반대가 돼서도 안 된다는 뜻인 모양인데, 그렇다면 제한속도는 왜 있는 건가? 여하튼 나도 용기를 내서 한 7, 80 규정을 위반해 보았지만, 뒤에서 빵빵거리고 헤드라이트를 번쩍거리기는 마찬가지야. 참 불안하고 초조했어. 어떤 차는 깜빡이도 켜지 않고 코앞으로 홱 들어서고, 뒤에 사람까지 태운 오토바이가 쏜살같이 끼어들기도 해. 그럴 때마다 깜짝깜짝 놀라. 집채 같은 쇠뭉치 트럭이 위압적으로 내 곁을 지날 땐 겁이 덜컥 났고. 흐름 잘 타는 사람들, 과감한 사람들, 위력 있는 사람들, 그런 사람들 속에서 늘 불안해하고 초조해하고 놀라고 겁먹으며 살아가는 내 꼴이 마누라 앞에 어째 좀 처연하게 느껴지더군.

드디어 의정부 시가지를 통과하게 되었네. 도로 양쪽에는 가게들이 즐비하고, 그 앞에는 소형 화물차, 리어카, 오토바이들이 줄지어 서 있더군. 우리가 서울에서 흔히 보는 것처럼 그곳도 도로 끝 차선은 이미 주차장이야. 차선 하나를 주차장으로 내주었으니 그 남은 도로가 얼마나 붐비겠는가? 버스, 택시, 짐차, 그 사이를 자전거와 오토바이가 누비고 더러는 리어카가 앞을 막기도 했네. 10킬로나 될 듯 말 듯 기어가면서도 핸들을 잡은 손에 땀이 났어. 이윽고 시가지를 벗어나 광릉 가는 길로 들어섰네. 길은 좁지만 포장도 깨끗하고 무엇보다 한산해서 좋더군. 야트막한 푸른 산들, 바람에 일렁이는 검푸른 논들, 이따금 탈탈거리며 지나가는 경운기도 정다워 보였네. 우리는 마치 고향에라도 온 기분이었어. 아, 이런 길도 있었던가? 늘 손에 땀을 쥐며 기어오다시피 했으니, 이제는 우리 앞에도 이런 길이 좀 있었으면, 아무 한 일 없이 바라기는 좀 염치없는 일이지만, 문득 이런 생각을 했네. 그러나 그게 어디 바라는 대로 될 일이겠나?

마침내 광릉의 그 푸른 숲 속, 여름날 오전 열 시의 그 푸른 숲 속은 그렇게 싱그러울 수가 없었네. 하늘을 가린 아름드리 나무들, 그 잎새에 부는 싱그러운 바람, 그 속에 매미 우는 소리도 소나기처럼 쏟아졌네. 우리는 나란히 그 숲 속을 거닐었네. 한둘씩 꼬마들을 데리고 온 젊은 내외들이 드문드문 보였네. 그 중에는 꼬마들에게 나무 이름을 가르쳐 주는 사람, 꼬마들과 함께 동요를 부르는 사람, 무슨 이야기인지를 하다가 까르르 웃는 사람도 있었네. 보기 좋은 광경이었어. 우리는 그걸 보며 옛날이야기를 했네. 올망졸망 네 아이를 낳아 기르던 옛날의 이야기, 어디 한 번 가려면 안고 끌고 참 혼이 났었지. 그때 우리도 저 젊은 내외들처럼 자동차나 한 대 있었더라면, 마누라의 말이었네. 문득 아이들의 얼굴이 떠올랐네. 이비처럼 노심초사, 전전긍긍하며 살지 말아라. 그러나 흐름보다는 제한속도를 더 소중히 여기고, 뒤차가 당황하지 않도록 깜빡이도 잘 켜며, 설령 위력이라는 것이 좀 있더라도 늘 겸허하게 살아라. 나는 잠시 이런 생각을 했네.

어언 점심때가 가까워졌네. 하지만 마땅한 데가 없어서 우리는 그만 차에 올랐네. 그리고 또 벨트를 맸지. 숲을 빠져나오는 좁은 길에 또 차가 붐비고 있었네. 나는 조심조심 차를 몰았네. 조심해서 차를 몰아야 할 좁고 붐비는 길이 우리 앞에 멀리 뻗혀 있었네.

-1989

일

지난 일요일의 일이다. 날짜가 촉박한 무슨 일이 하나 있어서 아침 일찍 학교엘 갔다. 별로 내키지도 않은 시시한 일이지만, 더 늦추면 출판사가 곤란하다고 해서 할 수 없이 간 것이다. 이미 9할은 마쳤으니까 나머지 1할만 하면 되는 일이다. 그동안의 진도로 보아 한나절이면 족히 끝낼 수 있을 것 같았다. 그런데 그 얕잡아본 1할의 일이 잘 풀리지 않는 것이다. 애꿎은 원고지만 찢어댔다.

그러다 보니 점심때가 되었다. 점심을 먹으려면 학교 밖으로 나가야 한다. 이것저것 귀찮아서 연구실에 버너를 켜고 라면을 끓였다. 좀 청승맞은 생각이 들었다. 계약서에 도장 찍고 돈 받던 순간이 떠올랐다. 다시 책상에 붙어 앉았다. 펼쳐진 일거리가 대신 져야 할 남의 짐처럼 무겁게만 느껴졌다.

그럭저럭 일을 끝내고 나니 창밖이 어둑했다. 담배 한 대를 피워 물고 밖을 내다봤다. 부슬부슬 비가 내리고 있었다. 학교 구내의 가로등들이 빗속에 희미했다. 낡은 비닐우산을 꺼내들고 연구실을 나왔다. 수위들이 보았다면 내가 무슨 대단한 연구라도 하고 가는 줄 알았을 게다. 좀 허전한 생각이 들었다. 비닐우산을 펼쳐들고 빗속을 걸었다. 세상이 온통 우중충했다.

교문 앞에서 택시를 기다렸다. 우리 학교는 오륜동에 있고 우리 집은 미아리다. 미아리는 모두 안 간단다. 얼마를 더 기다렸을까, 택시가 하나 와 섰다. 미아리도 괜찮으냐니까 고개를 끄덕였다. 한 예순 되어 보였다. 풍채가 좋았다. 내가 타자

"어서 오세요."

하고 싱긋 웃었다. 어느 길로 가겠느냐고 묻길래 편한 대로 하라고 했다. 그는 또 싱긋이 웃었다. 내가 묻고 그가 대답했다.

"영감님은 무슨 좋은 일이 있어서 그렇게 기분이 좋으십니까?"

"아, 다 좋지요. 내가 늙었지만 아직 일을 하니 좋고, 일을 해서 한 푼이라도 버니 좋고, 손님은 아까 그 학교의 선생님 같으신데 선생님 모시고 가면서 이런 저런 이야기 하니 좋고, 허허허.

게다가 오늘은 한잔 하는 날이거든요. 우리 회사 운전수들 중에 내 또래가 몇있어요. 어쩌다 정이 들어 지금은 안에서도

서로 내왕을 하며 지내는 친구들인데, 매주 일요일 일이 끝나면 서로들 기다렸다가 회사 옆에 있는 단골식당으로 가요. 회비는 똑같이 2천 원인데, 좀 모자라면 누가 소주 한 병 더 보태고, 좀 남으면, 남을 것도 없지만, 주인에게 맡겨두고, 그래 그 돈으로 돼지고기 숭덩숭덩 썰어넣고 김치찌개 자글자글 끓여서 소주 한 잔 쭉 하지요. 그러면서 본 얘기 들은 얘기 나누다 보면 식견도 늘고.

이게 다 사는 재미 아녜요? 머리가 허연 것이 아직도 운전이냐 할 사람이 혹 있을지 모르지만, 이 일 없으면 이런 재밀 어디 가 보아요? 재미는커녕 금방 시들고 말지. 공연히 짜증낼 것도 없고 욕심 부릴 것도 없어요. 미아리면 어떻고 의정부면 어때요? 차가 좀 붐비기는 하지만 이렇게 재미있게 잘 가잖아요?"

"그래, 운전하신 지는 얼마나 되셨습니까?"

"젊어서부터예요. 그런데 한동안 놀다가 요 2, 3년 전에 다시 시작했어요. 사람이라는 게 좀 살 만하다 싶으면 일하기가 싫어지는 모양이어요. 내가 중동(中東)엘 가서 돈을 몇 푼 벌었거든요. 그만 운전수 노릇이 지긋지긋해져요. 또 자식 놈들이 그만두라고도 하고. 그래 그만두었는데, 그러고 보니 날마다 마누라에게 돈을 타 써야 하는 거예요. 그런데 차차 마누라 눈치가 사나워져요. 돈 좀 달라면 없다하고, 점심때가 되면 찬밥 한 덩이 삐쭉 차려놓고, 그저 속이 팍팍 상해요.

그런데 놀다 보니 그것도 못할 일입디다. 복덕방에 가서 고스톱 치는 거나 구경하고, 할 일 없이 다방이나 어슬렁대고, 해가 지면 친구네 가게에 가서 소주나 한 잔 얻어먹고, 그러니 그게 뭐예요? 해가 한낮이 되도록 잔들 누구 하나 깨우는 사람이 있나, 그저 있으나마나한 사람이지.

그래 무얼 좀 해보려고 이 궁리 저 궁리 만리장성도 많이 쌓았지만 운전 말고는 아는 게 있어야지요. 지금은 이따금 마누라가 소주 한 병 사다놓고 삼겹살도 구워줘요, 허허허. 이렇게 일을 하니까 마누라한테 대접받고 나도 사는 것 같고, 좀 좋아요?"

"허허허, 그러시겠네요. 그러나 힘드시지 않습니까?"

"힘들지요. 그러나 힘 안 드는 일이 어디 있나요? 노는 것도 힘들던데-. 그렇지만 생각 나름이어요. 이게 내가 할 일이다, 이렇게 생각하고 하면 수월하고, 마지못해 하면 짐스럽고-.

요즈음 젊은 운전수들을 보면, 자기는 무슨 다른 일을 할 사람인데 할 수 없이 차를 몬다, 이렇게 생각하는 사람이 더러 있어요. 그러니 일이 짐스러울 수밖에 더 있나요? 이해는 해요. 밤낮 없이 몸은 고달프지, 차가 막혀 수입은 안오르지, 집 한 칸 마련하려면 아득하지-. 그렇지만 일단 내가 운전을 하겠소 하고 회사와 약속을 했으면, 이게 다 내가 할 일이다, 이렇게 생각하고 즐거운 마음으로 해야지요. 기왕에 하기로 한 일, 짐스럽게 할 게 뭐 있나요? 밥술이나 먹으니까 배부른 소리

한다고 할지 모르지만 내 생각은 그래요.

또 회사도 젊은 사람들이 희망을 가지고 일을 할 수 있도록 긴 눈으로 무슨 대책을 세웠으면 해요. 그게 또 회사가 즐거운 마음으로 해야 할 일 아녜요?

세상에는 자기 일을 우습게 보는 사람, 남의 일처럼 짐스러워하는 사람, 게다가 요리조리 피하는 사람이 더러 있어요. 난 그런 사람치고 잘 사는 것 못봤어요. 회사도 그렇고-."

이윽고 차가 우리 집 앞에 섰다. 나는 덕분에 잘 왔다면서 요금을 지불했다. 그도 즐거웠다면서 안녕히 가시라고 했다. 비가 계속 부슬부슬 내리고 있었다. 비닐우산을 펼쳐들었다. 비닐우산 위에 떨어지는 빗소리가 통랑하게 들렸다. 나는 차의 빨간 꼬리등이 안 보일 때까지 한참 서 있었다.

-1991

장아 혼사기(長兒婚事記)

우리 집 두 사내아이 중 큰애가 지난달에 장가를 들었다. 그래 늘 아내 혼자 딸그락거리던 부엌에 지금은 며느리가 함께 있다. 간간이 웃음소리가 난다.

큰애의 혼사를 며칠 앞둔 어느 날 동료 몇 사람과 점심을 같이 한 일이 있다. 그때 한 동료가

"며느리를 보면 내보낼 건가 함께 살 건가?"

하고 물었다. 나는 이미 함께 살기로 결정을 본 터여서 그렇게 대답했다. 그러자 좌중에 설전이 벌어졌다.

"아, 젊은애들 한 번 자유로이 살게 내보내지 뭘 붙잡아?"

"무슨 소리여, 그게? 함께 살아야 가풍을 익히지. 정 선생, 잘했어."

"가풍이야 아들이 가르쳐줘도 되지 않습니까? 함께 살면 시

아버지가 오히려 시집살이라던데요. 여름에 옷 한 번 마음대로 못 벗고.”

“그거야 삼베등걸이 하나 해 걸치면 되지 않는가? 그저 함께 살면서 미운 정 고운 정 푹 들여놓아야 이 다음에 시부모 잘 모시네.”

“흥, 벌써부터 며느리 볶아댈 궁리군그래. 어른들 밑에 마누라 고생 그만큼 시켰으면 며느리는 내보낼 줄도 알아야지. 그게 무슨 이기주의야?”

“이기주의라니? 그럼 제 부모 버려두고 저희만 나가 사는 것은 무슨 주의야?”

“억지 좀 쓰지 마.”

반주도 한 잔씩 한 터라 설전은 차츰 가시가 돋쳤다. 나는 그저 듣기만 했다. 처음 듣는 말도 많았다. 찬반 간에 모두 그럴 듯했다.

그러나 내가 큰애네를 내보내지 않은 것은 무슨 가풍을 전수하겠다는 뜻이 아니다. 이런 정 저런 정 푹 들어서 이 다음에 공경 잘 받겠다는 생각은 더구나 해본 일이 없다. 나는 그저 이 아이들과 함께 살고 싶어서 그랬을 뿐이다.

어느덧 함을 보내게 되었다.

혼서婚書는 예부터 한문으로 투가 정해져 있어서 글씨 잘 쓰는 사람만 구하면 된다. 그러나 감동도 느낄 수 없는 어려운 한문 글귀, 남의 손으로 글씨나 잘 쓰면 무얼 하랴 싶었다. 해서 내가 우리말로 고치고(번역하고) 내 손으로 썼다.

아름다운 오월을 맞이하여 댁내 두루 평안하시기를 기원하옵니다.

저의 맏아이 아무를 깊이 사랑하시고, 귀히 기르신 따님으로써 아내 되게 해주시니, 이는 저희 집안의 큰 기쁨이옵니다.

이에 조상의 예법에 따라 納幣의 儀를 행하오니 갖추지 못한 점을 해량하소서.

다음은 예물. 조선 초에 유효통俞孝通이라는 분이 있었다. 집현전 직제학直提學을 지낸 분이다. 그 아들이 장가를 들게 되었다. 사돈은 황보인皇甫仁, 후에 영의정領議政을 지낸 분이다. 그래 유효통의 아들이 함 둘을 지고 신부 댁엘 갔다. 그런데 신부 댁에서 받아보니 다른 예물은 없고 책만 가득했다. 후에 황보인이

"함에 넣는 예물로 어찌 책을 쓰는가?"

하고 물었다. 그러자 유효통은

"황금이 한 광주리라도 자식을 위해서는 경서經書 한 권 가르치는 것만 못한데 함에 넣는 예물로 어찌 책을 쓰지 못하겠는가?"

했다. 나는 쉽게 풀이한 『소학小學』한 권을 넣었다.

혼서를 우리말로 고쳐 쓰고 함에 옛 책을 넣는 것은 그리

일반적인 일은 아니어서 혹 경박한 인상을 줄는지도 모른다. 그러나 나는 그저 그렇게 하고 싶었다.

드디어 혼삿날.

아침부터 부슬부슬 비가 내렸다. 예식은 오후여서 아직 시간은 있었지만 도무지 갤 성싶질 않았다. 나는 어둑한 하늘을 우러르며 오실 분들을 생각했다. 얼마나 불편들 하실까? 그런데 다행히도 11시경부터 개기 시작했다. 서둘러 식장엘 가보니 주위의 푸르른 숲숲이 비 갠 하늘 아래 싱그러웠다.

이윽고 시간이 되었다. 우리 내외는 큰애와 나란히 서서 오시는 분들을 맞이했다. 늘 존경하고 사랑하고 믿어 온 반가운 얼굴들, 그때 어린 시절 함께 자란 고향 친구 하나가 다가오더니 내 손을 꼭 쥐며

"얘, 니가 신랑 형 같다."

하고 싱긋 웃었다. 순간 나는 그지없이 즐거웠다. 오신 분들이 돌아가실 때는 배웅도 제대로 못 했다. 그런데 선배 한 분이 다가오더니 내 등을 두드리면서

"이 녀석 웬 친구가 이렇게 많아? 아들 하나 잘 두었어."

하고 껄껄 웃었다. 역시 즐거웠다. 때로는 참말보다 거짓말이 더 사람을 생동케도 하는 모양이다.

어느새 식이 끝나고 폐백을 받게 되었다. 그런데 행사를 진행하는 사람이, 새 며느님에게 좋은 말씀 한 마디 하십시오, 했다. 나는 별 생각 없이

"우리 서로 참으며 살자."

하고 말했는데, 하고 보니 잘한 말인 듯싶었다. 남남끼리 모여 사는 곳에 참는 덕이 없다면, 『소학』을 달달 왼들 무엇에 쓰겠는가?

그날 나는 집에 돌아와 동생들과 매부들이 따라주는 술을 하나도 사양치 않고 기쁘게 마셨다. 아마 그때쯤 큰애네는 김포의 끝없는 하늘을 치솟고 있었을 것이다.

그 닷새 뒤, 아이들은 신혼여행에서 돌아와 저희 어머니가 마련해 준 음식을 진설하고 돌아가신 할아버지와 할머니 앞에 잔을 올렸다. 나는 절하는 아이들의 뒷모습을 기쁜 마음으로 바라보았다.

-1992

개미論

가재는 눈도 있고 수염도 있어서 제법 그럴 듯한 풍채인데 굼벵이는 눈도 없고 수염도 없이 그저 초라한 모습이다. 자, 여러분은 이렇게 된 연유를 아시는가?

옛날 어느 곳에 가재와 굼벵이가 서로 이웃해서 살았다. 그런데 가재는 수염이 있는 대신 눈이 없고 굼벵이는 눈이 있는 대신 수염이 없었다. 그래서 겉으로는

"이 위엄 있는 수염, 어험."

"이 밝은 눈은 어떻고?"

하며 서로 제 것을 자랑했지만, 가재는 굼벵이의 밝은 눈이 탐났고 굼벵이는 가재의 위엄 있는 수염이 부러웠다. 그러다가 어느 날 그들은 그 수염과 눈을 서로 바꾸기로 했다.

먼저 굼벵이가 제 눈을 빼서 가재에게 주었다. 가재가 굼벵이의 밝은 눈을 받아 달고 보니 세상은 더없이 환하고 저의 수염은 더욱더 위엄 있게 보였다. 그래서 가재는 저의 그 위엄 있는 수염을 굼벵이에게 내줄 생각이 없어졌다. 굼벵이는 가재가 그 수염을 선뜻 내주지 않자

"왜 이렇게 꾸물대는가?"

하고 가재를 다그쳤다. 그러자 가재는

"눈도 없는 놈이 수염은 달아서 무얼 해?"

하고는 그냥 가 버렸다.

옆에서 이 광경을 지켜본 개미는 굼벵이의 하는 짓과 그 당하는 꼴이 너무 우스워서 웃고 웃고 하다가 그만 허리가 잘록해졌다.

나는 이 이야기를 들었을 때 그 굼벵이란 놈이 여간 한심스럽지가 않았다. 아무리 수염이 부럽기로서니 눈을 주고 바꾸다니, 그는 저의 눈이 얼마나 소중한 것인지를 알지 못했다. 게다가 그 수염이라는 것마저도 꼭 받을 수 있다는 아무 보장도 없이 제 눈을 먼저 덜컥 뽑아주었다. 무지無知와 경박輕薄, 참으로 한심스러운 놈이다. 수백 번 세인世人의 웃음을 사 마땅하지 않은가?

나는 또 가재라는 놈이 참으로 괘씸했다. 아무리 새 욕심이 생겼기로서니 제 수염은 못 내주겠다니, 신의信義란 털끝만치

도 없는 놈이다. 게다가 그 하는 말 좀 들어보라. 눈도 없는 놈이 수염은 달아서 무얼 하느냐구? 그럼 제놈은 지금까지 눈이 있어서 수염을 달았단 말인가? 배신背信과 모순矛盾, 참으로 괘씸한 놈이 아닐 수 없다. 수천 번 세인의 질타를 받아 마땅하지 않은가?

가재와 굼벵이 이야기를 듣고 이쯤 생각하고 있는데 어디선지 자지러지게 웃어대는 개미의 웃음소리가 들려왔다. 순간 얄미운 생각이 언뜻 들었다. 아니, 괘씸했다. 굼벵이의 무지와 경박은 허리가 끊어지게 웃어대는 놈이 어찌하여 가재의 배신과 모순에 대해선 일언반구 말이 없는가? 더구나 배신과 모순은 무지와 경박과는 달리 부도덕不道德까지 한 것이다. 그런데도 말은 고사하고 손가락질 한 번이 없다.

그렇다면 개미란 놈은 왜 그토록 편파적이었을까? 굼벵이의 무지와 경박이 하도 우습다 보니 가재의 배신과 모순은 미처 눈에 띄지 않았던 것일까? 그럴 수도 있다. 그러나 그렇지 않을 수도 있다. 약간의 상상을 보태보자. 만일 굼벵이에게 예민한 촉각과 날카로운 이빨이 있었다면 어떻게 되었을까? 그럴 때도 개미란 놈이 그토록 편파적일 수 있었을까?

굼벵이는 처음부터 개미가 두려워할 만한 아무것도 가지지 못했다. 게다가 이제는 눈까지 없다. 그러므로 백 번 웃어주어도 보복당할 염려가 없는 것이다. 그러나 가재는 그렇지 않다. 옆걸음을 쳐도 개미보다는 빠르고, 이제는 눈까지 달았으니 숨을 수도 없다. 잘못 보였다가는 언제 그 예리한 집게발에 허리가 잘릴는지 모른다. 개미는 물론 이런 것을 잘 알았을 것이다.

내가 이 글을 쓴 것은 굼벵이의 무지와 경박을 비웃으려는 것이 아니었다. 가재의 배신과 모순을 질타하려는 것도 아니었다. 다소 그런 뜻이 없는 것은 아니었지만, 그보다는 개미의 간악한 편파성을 꾸짖자는 것이 주된 목적이었다. 개미는 가재의 잘못을 질타했어야 한다. 보복이 두려워 그러지 못했다면 굼벵이의 어리석음도 비웃지 말았어야 한다. 그래야 공평하지 않은가?

그러나 이제는 더 꾸짖을 용기가 나질 않는다. 아니, 앞에서 몇 마디 꾸짖은 것도 오히려 취소하고 싶은 심정이다. 지금 개미란 놈이 어떻게 알고 찾아와 나에게 삿대질을 하며 고래고래 소리를 치고 있다.

"이봐요, 정 선생. 내가 당신에게 보복할 만한 힘이 없다고 해서 이렇게 나를 매도하는 거요? 호랑이가 나처럼 해도 이럴 거요?"

내 발이 저리니 어떻게 더 개미를 꾸짖겠는가? 너에게서 나온 것은 너에게로 돌아간다(出乎爾者返乎爾-孟子)는 옛말이 있다. 내가 개미를 꾸짖은 말이 나를 꾸짖는 말로 돌아오다니, 참으로 말의 어려움을 알겠다. 그럼 어찌할까? 호랑이를 꾸짖을 수 있는 용기를 가질 때까지는 개미를 꾸짖는 일을 삼갈 수밖에 없다. 적어도 공평公平이라는 것을 우리가 숭상해야 할 가치價値라고 믿는다면.

-1993

작은애를 기다리며

작은애가 지금 군에 가 있다. 돌아오는 토요일이면 제대를 한다. 며칠 남지 않았는데 하루하루가 지루하다. 오늘은 작은 애네 결혼식 때 찍은 비디오테이프를 보면서 그애들을 오래 생각했다.

작은애가 석사과정에 다닐 때의 일이다. 학교길이 멀어서 고생이 많았다. 그래 내가 타던 차를 내주었다. 그런데 어느 날 차 안을 보니 뒤창 아래 인형이 하나 놓여 있었다. 노란 모자에 빨간 옷을 입고 기타를 치는 사내아이였다. 생김새도 귀엽고, 태엽을 감아주면 딩동거리는 음악까지 흘러나왔다. 퍽 정교하게 만든 것이었다. 그러나 작은애가 산 물건 같지는 않았다.

나는 아내에게 그 인형을 본 일이 있느냐고 물어보았다. 아내도 처음 본다고 했다. 어떻든 제가 산 것이 아니라면 누가 사준 걸까? 누가 사준 것이기에 차에다 싣고 다니는 걸까? 그때 아내가 어떤 처녀 이야기를 꺼냈다. 몇 번인가 작은애를 찾는 전화를 받은 일이 있다고 했다. 그러면서 혹 그 처녀가 사준 게 아닐까 했다. 나는 그 처녀가 퍽 궁금했다.

그 얼마 뒤, 작은애에게 그 인형 이야기를 물어본 일이 있다. 그러나 작은애는 그저 빙긋이 웃기만 하고 아무 대답도 하지 않았다. 나도 알겠다 싶어서 더 묻지 않았다. 그때 작은애는 거의 날마다 밤늦게 누군가와 전화를 주고받았다. 삼국지 한 권을 다 읽는 긴 전화였다. 어떤 처녀일까? 큰애네도 저희끼리 사귀어서 결혼을 했다. 이 처녀도 큰며늘아이처럼 착할까? 사뭇 걱정이었다.

그런데 어느 날 문득 보니 차 안에 인형이 보이질 않았다. 혹시 제 방에 두었나 싶어서 들어가 보았다. 아무데도 없었다. 밤이 되어도 오는 전화도 없고 가는 전화도 없었다. 무언가 사연이 있는 것 같았다. 몇 번이나 물어볼까 하다가 작은애가 괴로워할 것 같아서 그만두었다. 남녀가 사귀다보면 더러는 옥신각신도 할 수 있다. 그러나 그렇더라도 침울해진 작은애가 걱정이 되었다.

그리고 한 달인지 두 달인지 지난 뒤의 일이다. 어느 날 또 문득 보니 차 안 그 자리에 인형이 놓여 있었다. 밤늦은 작은애의 방에는 또 긴 전화가 되살아났다. 그리고 책상 위에는 작은애와 어떤 처녀가 다정하게 서 있는 사진이 한 장 놓였다. 나는 사진 속의 처녀를 한참 들여다보았다. 윤곽이 선명한 얼굴, 호감이 가는 인상이었다. 그러나 몸매가 퍽 가냘파 보였다.

그 무렵 아내가 몸이 좀 불편해서 잠시 동네 병원에 입원한 일이 있다. 그런데 어느 날 퇴근을 해서 병원엘 갔더니 예쁜 꽃다발이 하나 놓여 있었다. 그 처녀가 작은애와 함께 왔더라고 했다. 아내는, 사진에서 본 것보다는 튼튼해 보이더라는 이야기, 공손하면서도 똑똑한 인상이더라는 이야기, 이런저런 이야기를 하면서 싫지 않은 눈치였다. 나도 적이 마음이 놓였다.

그 처녀가 다녀간 후 어느 날, 작은애는 아내에게 그동안의 이야기를 자초지종 다 했다고 한다. 사귄 것은 대학 신입생 때 미팅을 통해서, 그러니까 6년이나 되었다는 이야기, 가정교육과를 나와서 중학교 교사 선발시험에 합격하고 지금 발령을 기다린다는 이야기, 부모는 우리보다 두어 살 아래인데 몇 번 만난 일이 있다는 이야기, 대강 이런 이야기였다. 우리는 참 까맣게 모르고 있었다.

드디어 작은애는 석사과정을 마치고 어느 방위산업체에, 처녀는 어느 여자중학교에 취직을 했다. 그리고 두 아이는 참 부지런히도 만났다. 휴일에는 아침 일찍 나가서 밤늦게 들어왔다. 아무개하고 어딜 다녀왔다는 말도 거리낌없이 했다. 나는 문득, 이 아이들을 이대로 내버려두어서는 안 될 것 같다는 생각이 들었다. 그래 작은애를 통해 그쪽 부모를 만나자고 했다.

그해 겨울의 어느 날, 나는 아내와 함께 그쪽 부모를 어느 음식점으로 초대했다. 작은애는 그쪽 부모와 퍽 친숙해 보였다. 우리는 이런저런 이야기를 나누면서 음식을 들었다. 그리고 돌아오는 5월에 결혼을 시키기로 결정을 보았다. 진전이 너무 급하지 않나 하는 생각도 있었지만, 서로 좋다는 데야 미룰 까닭도 없었다. 그날 첫눈이 내렸다. 사돈 될 분이 서설이 내린다고 했다.

드디어 결혼식을 올리게 되었다. 우리는 딸 딸 아들 아들 넷을 낳아 길렀다. 작은애가 바로 막내인 넷째다. 아내는 딸들 시집보낼 때보다 더 섭섭해 했다. 작은애네는 신혼여행에서 돌아와 아내가 마련해준 음식을 진설하고 할아버지 할머니 앞에 잔을 올렸다. 생전에 못 보신 손자며느리지만 귀엽게 보셨을 것이다. 그리고 이튿날 저희 살림집으로 떠났다.

그 며칠 뒤 새아기한테서 전화가 왔다. 저녁 준비를 하겠다는 것이다. 그래 온 집안(우리 내외, 큰애네, 딸네들)이 총동원을 해서 작은애네 집엘 갔다. 새아기의 음식솜씨가 제법 괜찮았다. 밥도 고슬고슬하고 반찬도 깔끔했다. 술안주도 내 입에 잘 맞았다. 하기야 덜 익어도, 맵고 짜고 싱거워도 다 맛있었을 것이다. 며느리 사랑은 시아버지라지만 그날은 시어머니도 며느리 칭찬에 인색지 않았다.

나는 주말이 되면 큰애네를 기다린다. 큰애네가 아기를 안고 들어오는 모습이 이제는 좀 의젓해 보인다. 나는 또 작은애네도 기다렸다. 작은애네가 나란히 들어오는 모습은 아직 연애하는 대학생만 같았다. 두 며느리가 형님 동서 하면서 부엌일 하는 것이 나는 보기 좋았다. 이 아이들이 돌아갈 때 아내는 김치 한 포기, 고기 한 조각이라도 싸서 차에 실어주었다. 나는 그것도 보기 좋았다.

돌아오는 토요일 저녁식탁에는 큰애네와 작은애네가 함께 앉을 것이다. 작은애가 무사히 군무를 마치고 돌아온 것을 축하하는 건배도 있을 것이다. 내일은 맥주나 좀 사다 놓아야겠다.

-1994

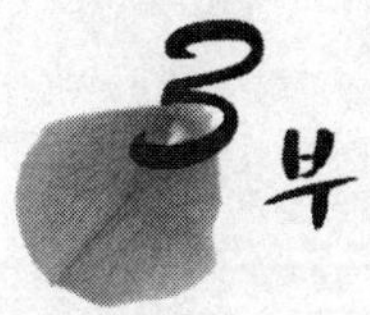

자줏빛 바위 가에(獻花歌)

생사로 예 있음에

시어머니 골난 데는/시집살이

아내

빙긋과 콕

엄처시하(嚴妻侍下)

연노설(煙奴設)

달걀 둘 셋 하나

다시 짧은 글 연습

자줏빛 바위 가에/獻花歌

옛날 이야기 한 토막.

신라 성덕왕聖德王 때 수로水路라는 여인이 있었다. 아름다운 여인이었다. 그녀의 남편 순정공純貞公이 강릉 태수江陵太守가 되어 갈 때의 일이다. 일행이 어느 바닷가에서 점심을 먹게 되었다. 그때 바닷가 천길 높이 솟은 바위 위에 철쭉꽃이 만발해 있었다. 여인은 그 꽃이 가지고 싶어서 종자들에게 말했다.

"누구 저 꽃 한 송이-."

그러나 종자들은 머리를 저었다.

"저곳은 사람의 발길이 닿을 수 없는 곳입니다."

그때 암소를 몰고 지나가던 한 노인이 이 말을 듣고 그 꽃을 꺾어다 노래와 함께 바쳤다. 노래는 다음과 같다.[1)]

자줏빛 바위 가에 암소 버리고
험한 벼랑 높이 올라
꽃을 꺾었네.

이몸을 부끄리지 않으신다면
이 꽃을 그대에게
바치오리다.

『삼국유사(三國遺事)』

이 노래가 그 유명한 「헌화가(獻花歌)」다.

자, 우리도 그 바닷가로 한 번 가 보자. 푸른 바다, 흰 모래, 깎아 세운 듯 천길 높이 솟은 자줏빛 바위, 그 위에 만발하여 불타는 철쭉, 이제 노인이 꽃을 바치며 노래를 부른다. 신비로운 힘과 여인에 대한 열정, 거기다 노래 부르는 멋까지 철철 넘쳐흐르는 노인-.

이몸을 부끄리지 않으신다면
이 꽃을 그대에게
바치오리다.

그런데 여인은 말이 없다. 왜 화답하는 노래 한 마디 없을까? 체통을 지켜야 하는 태수의 부인이어서 그럴까? 그래도 좀 섭섭하다.[2] 그때 여인이 이렇게 노래하며 꽃을 받았더라면-.

그대, 이 마음을 헤아리시오니
주시는 그 꽃을
받자오리다.

어느 오페라의 절정을 보는 느낌이다. 참으로 멋진 장면이다.

자, 한 가지 생각해 보자. 만일 우리가 이 이야기에서 노래를 뺀다면 무엇이 남을까? 주고받는 꽃이야 그대로 있겠지만 멋은 이미 사라지고 없을 것이다. 우리의 생활에 노래가 있다는 것은 얼마나 다행스러운 일인가? 밤길의 주정꾼도 노래를 부르며 가면 덜 밉다.

-2003

---

1) 『삼국유사(三國遺事)』 제2권 수로부인(水路夫人) 참조. 여기 보인 노래는 그 배경 설화에 맞추어 저자가 재구성한 것.
2) 저자는 한때 수로부인이 노인(남자)에게 화답하지 않은 것을 퍽 미쁘게 생각했었다. 그러나 지금은 공연히 섭섭하다. 좀 개화됐는가?

생사로(生死路) 예 있음에/祭亡妹歌

피리 부는 스님.

신라의 월명月明[1] 스님이다. 나는 꿈에도 한 번 본 일 없는 그가 스물일곱 살의 훤칠한 키, 희고 맑은 얼굴에 두 눈이 서글서글한 젊은 스님으로 떠오른다. 그런 그가 일찍이 죽은 누이의 재齋를 올림에 향가鄕歌를 지어 제祭를 지내니 노래는 다음과 같다.

생사로(生死路) 예 있음에 두려웠느뇨.
가노라는 말 한 마디
남김 없구나.

가을 이른 바람에 잎새 흩날 듯
한가지에 나고서도[2]

가는 곳 몰라.

아아, 미타찰(彌陀刹)에 우리 만날 날,
도(道) 닦아, 도를 닦아
기다리리라.[3)]

『삼국유사(三國遺事)』

스님은 사천왕사四天王寺에 있었는데 피리를 잘 불었다. 일찍이 어느 달밤에 피리를 불며 길을 갔더니 달이 그 피리 소리에 가던 길을 멈추었다. 이로 하여 그곳을 월명리月明里라고 부르게 되었다 한다.[4)]

자, 그럼 우선 스님이 재를 올리는 곳으로 가 보자. 이른 나이에 지고 만 어린 누이의 죽음이 너무 슬프다. 죽음이 두려웠는가 가노라는 말 한 마디 남김이 없었다. 같은 부모에게서 태어나고서도 누이의 가는 곳을 모르는 자신이 너무 안타깝다. 그러나 곧 깨닫는다. 세속의 때 하나 묻지 않은 누이의 영혼은 반드시 미타찰(정토, 극락)에 가 머무르리니 내가 불도佛道를 닦으면 거기서 서로 만날 수 있으리라는 것을. 오라비로서의 인간적인 슬픔이 신앙인信仰人으로서의 깨달음으로 승화되는 순간, 아 어디서 또 피리 소리가 들려온다.

자, 이번에는 피리 소리 들려오는 곳, 그 월명리로 가 보자. 달이 밝다. 고요하고 깨끗한 밤이다. 한 젊은 스님이 피리를 불며 간다. 스님은 무엇을 생각하며 피리를 불까? 아무도 모른다. 그러나 혹 죽은 누이는 아닐까? 그래서 피리 소리가 이리도 애절哀切하게 들리는가? 하늘의 달도 이 애절을 극한 피리 소리에 무심할 수는 없을 것이다. 드디어 가던 길을 멈춘다. 슬픔도 고뇌도 한 가락 피리 소리로 불어 날리며 월명리 그 달 밝은 밤을 홀로 가는 한 젊은 스님의 외로운 뒷모습이 붓끝에 어린다.

이제 이 정 많은 오라버니는 저 미타찰에서 착한 누이와 함께 영원한 삶을 누리고 있을 것이다. 미타찰, 사별死別이 없는 그곳, 헤어짐 없는 아름다운 삶을 누리고 있을 것이다. 거기서도 스님은 피리를 불겠지만 이승에서처럼 애절한 가락은 없을 것이다.

-2003

---

1) 신라 경덕왕 때의 스님, 시인. 기타는 본문 참조.
2) 같은 부모에게 태어나고서도.
3) 이 시의 제목은 「제망매가(祭亡妹歌)」, 즉 누이를 제사하는 노래.
4) 『삼국유사(三國遺事)』 제5권 월명사(月明師) 참조.

시어머니 골난 데는/시집살이謠

오늘 좀 무료해서 이책 저책 뒤적이다 보니, 나도 모르게 미소를 머금게 하는 민요 한 편이 눈에 띄었다. 충청북도 남단, 내 고향 영동永同에 전하는 노래다. 나는 이 노래를 읽으면서 우리 옛 마을의 어느 며느리를 한참 생각했다.

시어머니 골난 데는 이(虱) 잡아 주고,
시아버지 골난 데는 술 받아 주고,
시누아씨 골난 데는 콩 볶아 주고,
시동생 골난 데는 엿 사 주고,
우리 남편 골난 데는 자 주면 되지.

— 『영동군지(永同郡誌)』

무슨 집안이 온통 이렇게 골만 내는가?

우선 시어머니부터 보자. 왜 골이 났을까? 며느리 하는 짓이 못마땅해서 저러는가? 며느리는 시침 뚝 떼고 얼레빗 참빗 갖추어 들고 시어머니 앞에 다가앉는다. 먼저 얼레빗으로 머릿결을 고르고 다음은 참빗으로 촘촘히 빗어 내린다. 보리알 같은 굵은 머릿니가 시어머니의 흰 치마에 툭툭 떨어진다. "아이구, 개운해라." 어느덧 시어머니의 얼굴이 환히 펴진다.

다음은 시아버지. 시아버진 왜 저리 골이 났을까? 이른 아침 물꼬 보러 나갔다가 아랫집 김 영감하고 싸운 속이 아직 덜 풀려서 저러는가? 며느리는 주전자 하나 앞치마 속에 감추고 슬그머니 집을 빠져나간다. 주막은 마을 어귀에 있다. 이윽고 돌아온 며느리가 술상을 차려낸다. 시아버지가 죽 한 잔 든다. "어허, 시원하다." 어느덧 시아버지의 얼굴이 환히 펴진다.

어린 시누아씨(시누이아씨)는 왜 골이 났을까? 건넛집 분이가 새 가죽신 신고 재며 돌아다니는 게 눈꼴사나워서 저러는가? 하지만 가죽신은 너무 비싸. 며느리는 옹솥 아궁이에 불을 지피고 콩을 볶는다. 콩 튀는 소리가 톡톡 난다. 이윽고 마른바가지에 볶은 콩을 담아서 골난 시누아씨 앞에 내민다. "어머, 냄새도 구수해라." 어느덧 시누아씨 얼굴에 웃음이 돈다.

어린 시동생은 왜 또 저리 골이 났을까? 뒷집 언년이 하고 싸웠는가? 소 뜯길 게 귀찮아 저러는가? 이럴 땐 골목에서 가위 소리가 들려야 이야기가 되는데. 자, 들렸다 하고-. 며느리는 슬그머니 나가서 흰엿 한 가락을 사다가 어린 시동생에게 쥐어 준다. 시동생이 받아들고는 똑 부러뜨려 입에 넣는다. "흐흥, 워째 이렇게 달댜?" 금방 시동생의 얼굴에 웃음이 돈다.

우리 남편이 골난 까닭은 다 안다. 집안은 온통 골부림이고, 종일 들에서 등골 빠지게 일은 해야 하고, 게다가 살림 한 번 나 보기는 애초에 틀렸고. 며느리는 밤을 기다려 그런 우리 남편을 파고든다. 넉넉한 그 가슴, 사위가 고요하다. 이윽고 며느리의 숨소리가 거칠어진다. 그 소리 듣고 안 풀릴 우리 남편 있나? 이런 밤이 없다면 그 뾰족한 비위들을 다 어찌 맞출까?

이 노래의 핵심은 "우리 남편 골난 데는/자 주면 되지."에 있다. 그런데 좀 뒤집어 보면 "나 골난 데는/신랑이 자 주면 되지."로도 읽힌다. 이 노래를 읽노라면 한 지혜로운 며느리 옆에 또 한 사람 열정을 가진 젊은 여인도 보인다.

-2003

아내論

삶의 역사

아름다운 시절.

내가 내 아내를 처음 만났을 때 아내는 하얀 블라우스에 짙은 녹색 플레어스커트를 입고 있었다. 퍽도 산뜻해 보였다. 나는 내 충충한 군복과 투박한 군화가 아내에게 좀 미안했다.

우리는 매주 만났다. 봄빛 아련한 강둑에 연둣빛 잔디가 고왔다. 키 큰 상수리나무 숲은 푸른 잎새마다 햇빛이 눈부셨다. 시나브로 낙엽 지는 호젓한 산사, 산에 들에 쌓인 눈 위에 환한 달빛 부서지는 들길, 내가 나직이 노래를 부르면 아내도 조용히 따라 불렀다. 즐거운 곳에서는 날 오라 하여도, 우리는 노래를 부르면서 손을 잡았다. 그리고 곧 결혼을 했다.

다음은 힘든 세월.

우리는 단칸 셋방에서 딸 둘을 낳았다. 연년생이다. 우유 한 통 구하기 어려운 때였다. 두 놈이 번갈아 울어댔다. 그 얼마 후 방 두 칸짜리로 옮겼다. 그리고 아들 하나를 더 낳았다. 셋방살이에 아무 대책 없이 그저 낳기만 했다.

어느 날 퇴근길에서였다. 저만치 아내의 모습이 보였다. 한 놈 업고 두 놈 걸리고, 머리에는 배추단인지 무단인지 시장 본 것을 이고 있었다. 순간 그 산뜻하던 하얀 블라우스와 진녹색 플레어스커트가 언뜻 눈앞을 스쳐갔다. 나는 얼른 뛰어가 머리에 인 것을 받고 한 놈을 안았다. 아내는 반가워서 웃었지만 나는 속이 편치 않았다. 얇디얇은 월급봉투, 힘든 세월이었다.

이제는 회상의 시간.

부지런히 날이 가고 달이 가고 해가 갔다. 그동안 우리도 집 한 칸을 마련했다. 그리고 사내아이를 하나 더 낳았다. 어느덧 네 아이, 아내의 힘든 세월은 더 힘들게 이어졌다. 이제 이 네 아이들은 시집 장가 다 가서 따로따로 산다. 그렇다고 아내의 삶이 수월해진 것은 아니다. 그러나 나이 탓인지 자주 지난날을 이야기한다.

"흰 눈 위에 달빛 환하던 밤, 어이구 엉큼도 해라."

"연년생, 참 힘들었어요. 왜 그렇게들 울어? 요행히 분유(가루우유) 한 통 구하면 그걸 늘려 먹이려고 멀겋게…. 그래도 잘 커 줘서."

"큰애, 석사장교 임관할 때 내 손으로 어깨에 다이아몬드 달아주니까 좋습디다. 군에 들어갈 땐 눈물도 그리 나더니…."

"막내녀석 봐요. 6년씩이나 연애를 하면서도 우리한텐 일언반구 말이 없었어요. 세상에 어쩌면 그렇게 감쪽같이 속여?"

이제 아내는 서서히 회상의 시간.

관심의 이동

신혼 초. 내가 좀 늦게 돌아오면 아내는 맨 먼저 저녁은 어찌했느냐고 물었다. 그리고 먹었다고 하면 아무 말 없이 혼자 한술 뜨고, 아직 안 먹었다고 하면 기쁜 얼굴로 상을 차렸다. 그리고 나와 마주앉아 저녁을 먹으면서 그지없이 행복해했다. 내가 아무리 늦어도 아내는 저녁을 먹지 않고 나를 기다렸다.

그 십 년쯤 후. 내가 좀 늦게 돌아오면 아내는 여전히 저녁은 어찌했느냐고 물었다. 그리고 먹었다고 하면 어디서 먹었느냐고 한 마디 묻고, 아직 안 먹었다고 하면 그저 그런가 보다 하는 얼굴로 상을 차렸다. 그리고는 아이들이랑, 가령 나뭇가지에 참새가 다섯 마리 앉았는데 총으로 탕 쏘아서 그 중 한 마리가 땅에 떨어지면 몇 마리 남지 하는 식의 이상한 산수공부 같은 것을 하거나, 해하고 바람하고 누가 더 힘이 센가 한번 겨루어 보자고 했는데 하는 식의 짧은 이야기 같은 것을 하며 놀았다. 그러면서 아내는 아이들의 스웨터를 짜고 짧아진 바지를 늘렸다. 나는 이따금 한 마디씩 거들며 혼자 저녁을 먹었다.

지금도 내가 좀 늦게 돌아오면 아내는 무슨 버릇처럼 저녁은 어찌했느냐고 묻는다. 그리고 먹었다고 하면 어디서 먹었느냐는 말도 없이 그저 자기 할 일이나 하고, 아직 안 먹었다고 하면 지금까지 무얼 했느냐며 귀찮은(본인은 물론 아니라겠지만) 얼굴로 상을 차린다. 그리고는 마루로 나가 이 아이 저 아이에게 전화를 한다. 별일 없니, 아빠 지금 막 들어오셨다, 작은녀석 감기는 좀 나았니, 무슨 회사 일이 만날 그렇게 많아, 고추장 떨어져 가지…, 끝이 없다. 나는 한 마디 거들지도 못하고 혼자 밥을 먹는다.

묵주반지

내가 아내에게 말했다.

"당신 나 없으면 못 살지?"

그걸 말이라고 하느냐면서 아내가 물끄러미 나를 바라보았다.

"그래서 하는 말인데, 당신 먼저 가."

이번에는 장가 한 번 더 가려구 하면서 웃었다.

"그게 아냐. 내가 먼저 가면, 당신 이 아들한테 가서 훌쩍거리고 저 딸네 가서 찔끔거리고, 내가 저승에 가 앉아 그 불쌍한 꼴을 차마 어떻게 보나?"

순간 아내의 얼굴에 웃음기가 가셨다.

"당신 먼저 가면 내 손으로 잘 묻어주고, 그리고 당신 무덤에 잔디 파래지면 내 곧 당신 곁으로 갈 테니."

아내는 잠시 말이 없었다. 아무리 부부 사이라지만, 먼저 가라는 말 듣고 속 좋을 사람은 없을 것이다. 아, 내가 왜 이런 말을 꺼냈을까? 그런데 뜻밖에도 아내는 담담했다.

"그래요. 나 먼저 가서 당신 손으로 잘 묻어주고, 내 무덤에 잔디 파래지고, 그리고 당신 곧 내 곁으로 오고, 정말이지 그럴 수 있으면 얼마나 좋을까? 지난 주말이었지, 우리 왜 밖에서 저녁 먹고 시장 보고 오던 날? 내가 집에 와서 당신 들고 온 보따리를 한 번 들어 봤어요. 밀가루, 설탕, 식용유, 우유, 또 뭐가 있지? 그런데 들기는 고사하고 끌기도 힘들어. 난 겨우 시금치 한 단, 취나물 한근, 귤 몇 개도 팔이 아프던데. 당신 없으면 이걸 누가 들어 주나, 문득 이런 생각이 나데. 당신 늦는 날도 그래요. 텅 빈 집에 혼자 우두커니 앉아 있자면, 연속극도 그저 그렇고 소설책도 그저 그렇고 아이들 전화도 다 끝나고, 당신 없으면 나 혼자….

내 대학 때 친구, 그 왜 혼자 된 애 있잖아요? 돈도 있고 자식들도 다 괜찮고. 지난달에 동창회 한다고 몇 사람이 모여서 점심을 먹었는데 남편들 이야기가 나왔어. 그때 그 친구

하는 말이, 자기 남편을 보고 평생의 원수라는 거야. 저 혼자 두고 먼저 간 게 얼마나 한스러우면 원수라고 할까? 남편 앞에 가는 게 제일이라면서 원수 소리를 서너 번도 더 하데. 정말 그럴 것 같아."

그런데 이튿날, 아내는 말이 달라졌다.

"나 먼저 안 갈 거야. 생각해 봐요. 당신 없는 그곳에 가서 나 혼자 어떻게 살아?"

나도 잠시 말을 못 했다. 그럴 것이다. 그럼 어쩌는가? 그때 문득, 만일 하느님께서 우리가 한 말을 들으셨다면 뭐라고 하셨을까 하는 생각이 들었다. 그것은 내가 지배하는 영역이야, 너희 마음대로 먼저 가고 나중에 가고 하는 것이 아니야, 이러셨을 것만 같았다. 그래 내가 조용히 아내에게 말했다.

"하느님께서 우리를 건방지다고 하시겠어. 먼저 가고 나중에 가는 것 다 하느님께 맡기고 우리는 그저 열심히나 삽시다."

아내는 웃으면서 묵주반지를 돌렸다.

-1999

빙긋과 쿡

어제 오전, 김 선생은 강의에 꼭 필요한 책이 한 권 있어서 버스를 타고 교보문고엘 갔다. 물론 집을 나서기 전에 지갑을 열어 보았다. 만 원짜리 다섯 장, 천 원짜리 한 장이 얌전하게 들어 있었다. 비싼 책 살 것도 아니니 이만 하면 충분하다 싶었다. 책값은 한 권을 더 사게 되어 2만 8천 원이었다. 그런데 책을 사 들고 버스를 기다리다가 친구 한 사람을 만났다. 주유소 하는 강 사장이다.

"교수님께서 웬일로 여기 서 계시니?"

"음, 책 한 권 샀어. 사장님께선 웬일이시니?"

그들은 충청도 먼 골짜기 한 작은 고등학교의 동기다. 서울에 그런 사람이 몇 있어서 매달 한 번씩 모여 삼겹살 구워 놓고 소주 한잔씩을 한다. 회비는 1만 5천 원, 만 원 먹고 5천 원은

적립을 하는데, 이 회비가 많으냐 적으냐 하는 것은 따지지 말자. 어떻든 이 모임에는 아주 품위 없는 말도 함부로 쏟아놓을 수 있는 무한의 신뢰와 자유가 있다. 머리 허연 악동들의 천진한 한때, 단돈 1만 5천 원으로 어딜 가서 이걸 사겠는가?

각설하고. 이 모임이 끝나면 강 사장이 으레 김 선생에게 바둑을 두자고 한다. 강 사장은 4급, 김 선생은 6급이다. 바둑은 잘 못 두지만 관전은 좋아하는 친구가 하나 있어 부득이한 일이 없는 한 그들 셋은 함께 기원엘 간다. 전적은 7대 3으로 김 선생이 열세다. 바둑이 끝나면 또 생맥주 한잔씩을 하고 헤어지는데, 맥주 값을 지불하는 횟수는 강 사장이 6, 김 선생이 3, 관전꾼이 1 정도다. 그러니까 강 사장이 김 선생의 두 배는 내는 셈이다. 바둑 값은 반반쯤 된다.

며칠 있으면 또 이 모임이 있다. 그러나 그때 보자며 헤어질 그들이 아니다. 김 선생이 먼저

"바쁘니?"

했다. 강 사장은 무심한 듯

"바쁘면 어쩌라고?"

하면서 앞장을 섰다. 그때 김 선생은 지갑 속에 남은 돈이 생각났다. 계산을 해 보았다. 가용 금액 2만 천 원(돌아갈 비용 2천 원 제하고), 이만하면 둘이 소주 한잔은 하겠지 싶으면서도 적이 불안했다. 그래 말했다.

"거 순두부 자글자글 끓여 놓으니까 소주 안주로 괜찮더라."

그러자 강 사장이 한 번 빙긋 웃고는 내뱉듯이 말했다.

"더운데 무얼 자글자글 끓여?"

그리고 그는 한 마디 묻지도 않고 가까운 2층 중국집으로 휙 들어갔다. 순간 김 선생은 강 사장의 입가에 돌던 그 웃음, 그리고 내뱉듯 하던 그 말투가 좀 석연치 않았다.

별로 넓지도 깨끗하지도 않은 중국집 홀은 한산했다. 머리에 노랑 물 들인 종업원 녀석이 다가와 엽차를 따랐다. 강 사장이 또 묻지도 않고

"돼지고기 바삭바삭하게 하나 튀기고 우선 참이슬 한 병."

하고는 담배를 꺼내 물었다. 튀김 하나에 만 2천 원, 소주 한 병에 3천 원이니 두 병 잡고 6천 원, 김 선생이 언뜻 계산해 보니 그래도 아직 3천 원의 여유가 있다. 제발 더나 시키지 말아라.(그때 왜 나는 카드 한 장이 없었을꼬?) 그런데 두 병째 소주가 반 병쯤 남았을 때, 강 사장이 아직 반은 남은 튀김접시를 가리키며 말했다.

"갑자기 고량주 생각이 난다. 딱 한 병만 하자."

물론 김 선생이 동의할 리 없다.

"그만해. 대낮에 무슨…."

사실 김 선생도 고량주 한 잔 더 하고 싶었다. 소주 한 병에 고량주 반 병을 더하면 그 취기가 환상적이다. 그러나 고량주 한 병에 5천 원이다. 그러면 마이너스 2천 원이 된다. 눈치 없는 강 사장은 화장실에 좀 다녀오겠다면서 한 마디 덧붙였다.

"그리구 점심때야. 너 짜장면 좋아하지?"

김 선생이 고개를 저으며 말했다.

"나 오늘 집사람하고 점심 같이 하기로 했어. 곧 가봐야 해."

강 사장은 또 빙긋 웃고는 일어섰다. 자장면은 강 사장 말대로 김 선생이 퍽 좋아하는 음식이다. 그러나 한 그릇에 3천 원, 두 그릇이면 6천 원, 그러면 마이너스 8천 원이다. 서양에는 더치페이라는 것이 있다고 한다. 김 선생은 문득 그 말이 떠올랐다. 그러나 그것은 말도 안 되는 소리다. 한잔 하자고 누가 먼저 운을 뗐는데? 더구나 더 많이 얻어먹어 온 그로서는 생각만 하는 것도 염치없는 짓이다.

자 어찌하면 이 곤경을 모면할 수 있을까? 김 선생은 자작으로 소주 한 잔을 죽 비우고 창밖을 내다보았다. 종로에는 차들이 질주하고 있었다. 담배에 불을 붙였다. 만 원짜리 한 장만 더 있으면 강 사장이 하자는 대로 그래그래 하면서 다 할 수 있다. 거기다 5천 원만 더 있으면 먹든 안 먹든 고량주 한 병 더 하자며 큰소리도 칠 수 있다. 아, 1만 5천 원. 그러나 이런 가정법에 무슨 의미가 있겠는가? 순간 계책이 하나 퍼뜩 떠올랐다. 아직 3천 원의 여유가 있지 않은가? 강 사장이 자리에 없는 지금 얼른 계산을 끝내면 되는 것이다. 김 선생은 피우던 담배를 천천히 비벼 껐다.

"창밖에 뭐가 있다고 그렇게 정신없이 내다보고 있니?"

언제 왔는지 강 사장이었다. 바로 뒤에 잇따라 노랑머리 종업원 녀석이 고량주 한 병을 가져다 놓는다. 김 선생이 녀석에게 말했다.

"이거 도루 가져가. 먹을 사람 없어."

녀석이 말했다.

"네? 벌써 계산도 다 긁으셨는데요."

김 선생이 어이없는 표정을 짓자 강 사장이 말했다.

"책값이 좀 비쌌던 게로구나."

"무슨 소리야 그게?"

"순두부 자글자글 끓여 놓으니까 소주 안주로 좋더라며?"

김 선생은 정말 어이가 없었다. 그렇다면 이 녀석이 내 속을 빤히 들여다보고 있었다는 말인가? 빙긋 웃던 그 웃음, 내뱉듯 하던 그 말투, 어째 좀 석연치 않다 했더니. 고량주 한 병이 바닥이 나자 곧 자장면이 왔다. 강 사장이 물었다.

"너 생맥주 값은 있지?"

김 선생은 저도 모르게 쿡 하고 웃었다. 에라, 이 능청맞은 녀석.

창밖 길 건너에 기원 간판이 아물아물 보였다. 김 선생이 물었다.

"저게 기원 맞지?"

강 사장이 고개를 끄덕이며 말했다.

"저 근처에 호프집도 있을 걸."

두 사람의 입술에 자장이 묻었다. 강 사장이 후루룩거리는 김 선생을 보고 또 빙긋 웃었다. 김 선생이 빙긋 웃는 강 사장을 보고 또 쿡 웃었다.

중국집 낡은 괘종시계가 한 점을 뎅 쳤다.

엄처시하(嚴妻侍下)

이 글의 주인공인 김金 선생은 작년에 정년으로 학교를 물러난 전직 교수님이다. 현재 마나님을 모시고 큰아드님네와 함께 산다. 참고로 등장인물 하나를 더 소개해 두겠다. 초등학교 2학년짜리 손자다. 김 선생 내외분은 이 녀석을 큰놈이라고 부른다. 제 밑으로 작은놈이 한 놈 있기 때문이다. 큰놈은 어린 것이 매운 배추김치를 잘 먹는다. 나는 이제 이 김 선생의 근황을 그 가정과 한 시장을 배경으로 해서 잠시 말해 보려고 한다.

김 선생 댁에서 승용차로 한 15분 거리에 큰 시장이 하나 있다. 과일이나 채소는 물론 육류와 생선 같은 것도 늘 풍성하고 신선하다. 값도 여느 시장보다 싸다. 김 선생은 한 주일에 한 번꼴로 이 시장엘 간다. 물론 마나님과 함께 간다. 그러나 함께 간다고 해서 장보기에 있어서의 두 분의 권리와 의무가 동등하리라고 생각해서는 안 된다. 모시고 산다는 말을 다시 상기해 주기 바란다.

김 선생은 언제든 마나님이 갑시다 하면 차를 몰아야 한다. 마나님이 물건을 고르면 그걸 카트에 싣고 뒤따라야 한다. 마나님이 계산을 마치면 그 산 물건들을 하나하나 챙겨 차에 싣고 또 운전을 해야 한다. 김 선생에게는 다만 이런 의무만 있고 달걀 한 개 마음대로 고를 권리가 없다. 굳이 있다면 소주 한 병 집어 담는 것인데, 이 하찮은 권리마저도 마나님의 대단히 못마땅해 하는 시선을 의식해야 하는 것이어서 권리를 행사하는 기쁨 같은 것은 아예 없다. 그러나 김 선생은 불평 한 마디 하지 않는다. 불평을 하면 마나님으로부터 어떤 반격이 있으리라는 것을 너무 잘 알기 때문이다.

"뭘 행사하는 기쁨? 그 막중한 권리, 어서 도로 가져가세요."

이 시장에서 마나님이 잘 사는 식품 중의 하나가 커피다. 마나님은 커피를 좋아한다. 마나님뿐만 아니라 며느님도 대단히 좋아한다. 그러므로 김 선생 댁에 커피가 떨어지는 일은 절대로 없다.

"어멈아, 물 얹어 놓았니?"

"네, 어머님."

참 잘도 맞는다. 마나님과 며느님이 커피 잔을 앞에 놓고 부엌 식탁에 마주앉으면 무슨 할 말이 그리 많은지 까르르 웃음소리까지 섞여 끝이 없다. 마루에 낭군이 계시는지 시아버님께서 계시는지, 마나님도 며느님도 다 오부지언吾不知焉이다.

"커피가 저리 좋은가, 원."

김 선생은 커피 맛을 모른다. 그렇다고 달리 좋아하는 차가 있는 것도 아니다. 어쩌다 다방엘 가 자릿값으로 커피를 주문할 때가 있다. 물론 제일 싼 것이다. 그러면서 이거 한 잔이면 소주가 한 병 반인데 한다. 이러니 마나님이 커피 사는 게 좋아 보일 리 없다. 그러나 김 선생은 모른 체한다. 언젠가 그 쓴 커피는 왜 사느냐고 말한 일이 있다. 그때 마나님이 뭐라고 했겠는지 상상해 보시라.

"소주는 달고 답디까?"

이 시장 안에 큰 김치가게가 하나 있다. 김치는 늘 담가먹는 마나님이 그저께는 한 포기 사야겠다고 했다. 너무 먹음직스럽다는 것이다. 그리고 한 마디 덧붙였다.

"큰놈이 얼마나 잘 먹을까?"

김 선생이 별 자신도 없는 소리로 말했다.

"김치도 사다 먹나?"

물론 마나님이 질 리 없다.

"여자들은 좀 편하면 안 돼요? 김치 담그는 것 쉬운 일 아녜요. 배추 다듬어 씻어야지, 소금 풀어 절여야지-."

"알았어요, 알았어. 어떤 사람이 김치, 된장 사다먹는 집에서는 며느리 안 본다고 해서 해 본 소리예요."

"그런 집에 딸 줄 사람은 어디 있답디까?"

저녁식탁에서였다. 마나님이 큰놈을 보고, 너 먹으라고 이 맛있는 김치 사 왔다며 생색을 냈다. 그런데 큰놈은 한 조각 먹어 보고는 더는 젓가락을 대지 않았다. 마나님이 물었다.

"왜 안 먹니? 이게 얼마나 비싼 건 줄 아니?"

큰놈이 말했다.

"맛이 없어. 난 할머니가 담근 김치가 맛있어."

어제 저녁때 김 선생이 밖엘 나갔다 돌아와 보니 마나님이 부엌에서 며느님과 함께 절인 배추에 속을 넣고 있었다.

"김치 담그는 거 쉬운 일 아니라더니, 웬일로 손길이 저리 가벼울까?"

김 선생이 한 마디 하자 마나님이 즉각 받아쳤다.

"당신도 당신 마누라 감동 좀 시켜 보세요."

마나님을 모시고 사는 내 친애하는 김 선생, 나는 이제 이 김 선생에 대한 내 감상 몇 마디를 덧붙이고 이 글을 마칠까 한다.

김 선생이 장보기에 있어서 불평 한 마디 하지 않은 것은 엄처시하로서 현명한 일이다. 이게 싼가, 저게 싼가, 이런 심각한 고민을 김 선생이 무슨 수로 감당하겠는가? 마나님이 커피 사는 것을 모른 체하는 것도 지혜로운 일이다. 덕분에 비록 따가운 시선 속에서나마 소주 한 잔 할 수 있으니 좋고, 또 무엄하기는 하지만 부엌에 웃음소리가 끊이지 않으니 야단치고 토라지는 것보다는 낫지 않은가? 그러나 김치, 된장 사다먹는 집 운운 한 것은 참으로 우매한 짓이었다. 김 선생은 물론 예상하지 못했겠지만 어떻든 가만히 있으면 저절로 바로잡아지는데(어린 손자의 말 한 마디로) 왜 쓸데없이 말을 꺼내서 감당도 못 할 반격을 받는가? 이 점은 아직 김 선생이 철이 좀 덜 든 듯하다.

세상의 많은 김 선생 여러분, 여러분의 근황은 어떠신가?

연노설(煙奴說)

6월 15일. 토.

이달도 벌써 셋째 토요일, 오늘은 문우회(文友會) 하는 날이다. 한가로운 마음으로 전철을 탔다. 이윽고 방배역에 내렸다(문우회 사무실은 서울 방배동에 있다.) 내려보니 아직 3십 분이나 남았다. 무얼 한다?

"에라, 한 대 피우고 들어가자."

끊자, 줄이자, 수없이 다짐을 하면서도 오히려 늘어만 가는 내 담배, 문우회가 시작되면 또 인연忍煙의 고통을 감내해야 한다. 맞아, 미리 한 대 피우고 들어가자. 다방 '별'이 보였다. 한데 뜻밖에 한형주(韓炯周, 文友會會員, 醫師隨筆家) 선생께서 혼자 차를 들고 계셨다. 다음은 오늘 거기서 선생과 나눈

대화를 재구성한 것이다.(文責筆者)

"한 선생님, 담배 참 좋아하셨지요?"

"그럼요, 좋아했지. 글 안 풀릴 때 한 대 피우고 나면 솔솔 풀리고, 허허. 특히 밤낚시 드리우고 혼자 앉아 별 뜬 하늘 우러러 푸우 한 번 내뿜는 맛이란, 그거 말할 수 없어요."

"그런데 왜 끊으셨어요?"

"폐렴에 걸렸어요. 사진을 보니까 안 끊으면 죽게 되어 있어. 그러니 안 끊을 재간이 있나? 끊고 얼마 동안은 일이 손에 안 잡혔어요. 글 한 편 못 쓰고. 지금은 다 괜찮아요."

"술은 처음부터 안 하셨나요?"

"못한 거지. 체질에 안 맞아요. 술 먹으면 멋있을 것 같아서 몇 번을 배워 보려고 시도해 봤는데 안 돼. 한 잔만 들어가면 가슴이 뛰고 얼굴이 벌개지고, 도무지 견딜 수가 없어요. 내가 술을 먹었으면 내 인생이 달라졌을지도 몰라."

"그러시겠네요. 노래 잘 부르시지, 춤 잘 추시지, 거기다 술 잘하는 멋까지 갖추신다면, 허허."

"허허, 난리났지. 그런데 정 선생, 나도 담배 피우면서 술 배울 생각을 한 일이 있지만, 사실은 두 가지 다 하는 것은 좋지 않아요. 아주 나쁠 수도 있어. 담배 끊고 술 하세요. 그게 좋겠어."

아주 나쁠 수도 있다는 말을 듣는 순간, 나는 김연주金燕洲, 이주연李注然의 두 얼굴이 와락 달려들 듯 다가와 겁이 덜컥

났다. 이들도 두 가지 다 하다가 일찍 간 사람들이다. 끊자, 설령 또 실패할지라도 일단 한 선생 앞에 단연斷煙을 선언해 두자, 그래야 끊으려고 노력이라도 할 것 아닌가?

"예, 지금 이 시간부터 담배 안 피우겠습니다."

그러자 한 선생께서는 아주 경이로운 눈으로 나를 바라보시며 참 잘 생각했다고 거듭 칭찬을 하셨다.

그날 만찬은 중국집 '만다라'에서 있었다. 배갈 맛은 여전히 좋았다. 슬그머니 담배 생각이 났다. 그때 한형주 선생께서 일어나

"여러분, 우리 정진권 선생이 오늘부터 담배를 끊기로 했습니다."

하셨다. 그러자 여기저기서 박수가 터져 나왔다. 담배가 그렇게도 혐오스러운 물건이었던가? 나는 목례로써 정중하게 답례를 보내고 좀 겸연쩍어 고개를 숙였다. 그때 마주앉았던 강호형姜浩馨 선생이 한 잔 죽 들고는

"난 외로워서 어떻게 삽니까?"

했다. 외롭다는 것은 그러니까, 끽연객喫煙客 넷 중 한형주, 박재식朴在植 선생 두 분께서 이미 끊으셨는지라 나와 자기 두 사람이 겨우 연맥煙脈을 이어오는 터에 이제 나까지 끊는다 하니 혼자 어쩌느냐는 뜻이다. 그러나 이것은 말뿐이고, 그는 조금도 외롭지 않게 누구 약 올리듯 맛있게 피워댔다.

10시에 집에 돌아왔다. 그리고 오늘 있었던 일을 아내에게

낱낱이 고했다. 그래야 역시 끊으려고 노력이라도 할 것 같아서였다. 그러나 아내는 끽연유해론喫煙有害論을 재삼 강조할 뿐 환영사歡迎辭 한 마디 없었다. 나의 단연선언斷煙宣言에 신뢰가 가지 않아서였을까?

6월 18일. 화.

학생들 성적 처리를 하러 일찍 학교엘 갔다. 이번 학기는 중간고사도 기말고사도 보지 않고 학생들이 제출한 보고서만으로 성적을 내기로 했기 때문에 그걸 한 편씩 꼬박꼬박 다 읽어야 한다. 여간 큰 고역이 아니다. 슬그머니 짜증이 났다. 자꾸만 책상의 좌상귀 쪽으로 눈이 갔다. 늘 담뱃갑을 놓아두었던 자리다. 한 모금 깊숙이 들이마셨다가 후우 뿜어내면 짜증도 가시고 학생들의 보고서 읽는 것도 수월할 것만 같았다. 그러나 담뱃갑은 없고 라이터만 놓여 있다.

세어 보니 단연을 선언한 지 오늘로 사흘째다. 사연思煙의 힘든 사흘이었다. 그래도 용케 잘 참았다. 내가 억지로라도 이렇게 참을 수 있었던 것은 지난 사흘을 집안에만 틀어박혀 있었기 때문이다. 우리 집은 구석구석이 다 엄처시하(嚴妻視下, 嚴妻侍下가 아님)에 놓여 있다. 그러나 시하視下에서 벗어난 연구실, 어떻게 이 해방공간解放空間에서 연욕煙慾을 억제할 수 있겠는가?

어느덧 점심때가 되었다. 최단호崔段浩 교수가 들렀다.

"뭐 하세요?"

"학생들 성적 내는데 담배 생각이 나서 일이 잘 안 되네."

"한 대 피우시지 않고?"

"끊었어. 오늘이 사흘째야."

"거, 잘 하셨습니다. 끊을 때 모질게 끊어야 해요. 저는 하루에 두 갑씩 피웠어요. 끊어야지 끊어야지 하면서도 그게 어디 마음대로 끊어집니까? 그래, 하루는 생각했습니다. 내가 그래도 유도가 8단이다, 유도가 8단이라는 것은 웬만큼 수양이 되었다는 뜻이다, 그런데 이 새끼손가락만도 못한 놈에게 코가 꿰어 질질 끌려 다니다니, 그렇다면 8단은 무슨 8단이며 수양은 무슨 수양이냐? 그래 자존심이 팍 상해서 담뱃갑을 두 손으로 빨래 짜듯 비틀어 가지고는 쓰레기통에 콱 쳐 던졌습니다. 벌써 5년이네요."

그리고 그는 자장면 집에나 가자고 했다. 그래 함께 갔다. 안주는 돼지고기튀김 한 접시, 술은 고량주 각 일 병各一甁, 한데 취기가 오를수록 담배 생각은 더 간절했다. 종업원 녀석의 티셔츠 작은 주머니의 담뱃갑이 갑자기 클로즈업되어 다가왔다. 얘, 거 한 개비만 다오 하는 말이 목구멍을 수없이 맴돌았다. 그러나 최 교수의 그 '수양'이라는 말이 마음에 걸려 그러지를 못했다.

6월 24일. 월.

밤새도록 위(胃)가 아파 잠 한숨 자지 못했다. 예리한 송곳으로 마구 찌르는 것 같았다. 지난 사나흘 계속 과음한 결과다. 아홉 시에 맞추어 '박가정의원'에 갔다. 젊은 원장이 급성위염이라면서 한 마디 덧붙였다.

"알코올 중독이라는 게 다른 게 아닙니다. 술이 해로운 줄 뻔히 알면서도 드는 게 바로 알코올 중독입니다. 술은 간하고도 상극이고 위하고도 상극입니다. 그런 술을 왜 그렇게 열심히 드십니까? 우선 한 5일 약 들어 보시고, 그래도 안 좋으면 내시경 좀 해 봅시다."

처방전을 받아들고 나오면서 쓴웃음이 절로 났다. 내가 알코올 중독이라 이 말이지? 하기는 전에도 이런 일이 더러 있었으므로 그가 나를 알코올 중독자로 보는 것은 무리가 아닐 수도 있다. 그러나 기분이 좀 언짢았다.

열 시쯤 되어서 아내가 쑤어 준 죽 한 그릇 먹고 또 3십 분 기다렸다가 약 한 봉지 먹고 누웠다. 몹시 아팠다가 좀 나았다가 주기적으로 반복을 하는데 뱃속은 그득하고 변은 나오지 않는다. 답답한 가슴에 몸이 천근이다. 담배 한 대 피웠으면.

6월 26일. 수.

오늘은 신촌 문화센터에 강의가 있는 날이다. 위 아픈 것이 많이 나았다. 다행이다. 그러나 아침은 받질 않아 미숫가루 멀겋게 한 잔 타 마시고 강의에 나갔다. 그런데도 배가 고프지 않았다. 8십 분짜리 두 강좌를 마치고 학생들과 점심을 같이했다. 술은 사양하고 전복죽 한 그릇을 맛있게 비웠다. 이젠 변이나 좀 나왔으면 싶었다.

돌아오는 길에 '에세이문학'사에 들렀다. 강호형 선생이 박연구朴演求 선생과 이야기를 나누고 있었다. 조금 있으니까 장백일張伯逸 선생이 들어왔다. 박연구 선생이 빙긋 웃으며

"술꾼들 다 모이셨으니 한잔들 하시겠군."

했다. 박연구 선생은 밀밭에도 못 가는 사람이지만, 나머지 둘은 다 주호酒豪도 최상급이다. 나는 급성위염으로 단주 중斷酒中이라는 사실을 거듭 천명했다. 드디어 일어설 때가 되었다. 그런데 장백일 선생이 뭔가 좀 서운한 듯했다. 그래 내가 물었다.

"한잔 하시겠어요?"

그가 대답했다.

"정 선생 못 한다면서 한잔은 무슨…."

그러자 강호형 선생이 나섰다.

"아, 제가 있지 않습니까?"

그래 우리 셋은 박연구 선생과 헤어져 근처 '종로빈대떡'으로 갔다. 가자마자 둘은 권커니 잣거니 막걸리 한 병을 금방 비우고 또 한 병을 또 금방 비웠다. 나는 사이다 한 잔 따라놓고 우두커니 구경만 했다. 술 좋아하는 사람에게 그것은 형벌과 같은 것이었다.

이윽고 강호형 선생이 담배에 불을 붙였다. 깊숙이 들이마셨다가 후우 내뿜는 그 파르스름한 연기에 나는 그만 혼백魂魄이 산란散亂하여 마침내 상 위에 놓아둔 강 선생의 담뱃갑에서 한 개비 빼어 물고 말았다. 그는 내가 지난 6월 15일 단연을 선언한 줄 잘 알 테지만 그런 것 다 잊었다는 듯이 라이터로 불까지 붙여 주었다. 사려思慮 없는 선언으로 사서 고생을 하는 내가 딱해서 그랬을까? 순간 '만다린'의 박수 소리가 귀 따갑게 들려왔다.

"에라, 이 못난 친구."

박수 소리 속에 한형주 선생의 이런 말소리도 들려왔다. 그러나 나는 피우던 담배를 비벼 끄지 못했다. 아니, 두 대를 더 피웠다. 그러니까 그들이 막걸리 네 병을 마시는 동안에 석 대를 피운 것이다. 이것은 단연선언 이전의 속도다. 철면피가 따로 없다는 생각이 들어 돌아오는 길이 편치 못했다.

7월 14일, 일.

오늘로 단연을 선언한 지 꼭 한 달이다. 가만히 세어 보니 지난 한 달 동안, 가령 점심 모임이나 술자리 같은 데 가서 얻어 피운 게 한 열 개비는 되는 것 같았다. 하루에 꼬박꼬박 한 갑씩 피우던 내가 한 달에 반 갑이라면 한형주 선생께선 뭐라 하실까?

"잘했어요. 그만하면 대성공이에요."

"한 개비를 피워도 피운 건 피운 거예요."

좀 헷갈린다. 아니, 한 개비를 피워도 피운 건 피운 거라는 말이 맞다. 끊자, 아주 딱 끊자. 아, 그런데 왜 이렇게 자신이 없을까?

7월 15일, 월.

아침을 먹고 뜰을 서성거렸다. 또 연욕이 발동했다. 식후마다 겪는 고통이다. 옛날 논산훈련소에서 배운 문자, 식후불연食後不煙이면 소화불량消化不良이라, 참, 천하의 명언이다.

"어차피 못 끊는 것. 그렇다고 식후마다 피우면 하루에 세 개비니까 좀 많아. 하루에 한 개비씩만 피우기로 하자. 가장 간절할 때."

나는 뜰을 서성거리면서 자신과 이렇게 약속을 했다. 그리고 우체국에 다녀오던 길에 '타임' 한 갑을 사 가지고 돌아왔다. 한 달 만에 처음 사 보는 담배다. 그럼 비록 한 개비라지만 엄처시하에 어디서 피우는가? 이미 내 마음속에 정해 놓았다. 우리 마을 강북구 도서관의 넓은 뜰이다. 이곳은 몇 사람이 편히 앉아 담배를 피울 수 있도록 차양시설遮陽施設에 의자며 재떨이며 아주 잘 갖추고 있다. 끽연독서자喫煙讀書子에게는 더없이 좋은 시설이다.

그러나 내가 이곳을 끽연 장소로 정한 데는 다른 까닭이 있다. 거기 가서 담배를 피우려면 야산 하나를 넘어야 한다. 왕복 한 시간 거리다. 겨울에도 이 산을 넘자면 땀이 난다. 수년 전 운동량이 태부족이었던 나는 거의 매일 이 산길을 걸었다. 그런데 어느 사이엔지 귀찮아져서 그만두었다. 이제 나는 이 못 끊는 담배 한 대를 미끼로 해서 하다 그만둔 산길걷기를 부활시키자는 것이다.

"담배 한 대 피우려면 산길 한 시간 걸어라."

오늘은 그 첫날, 점심 뒤 담배 한 개비를 티셔츠 주머니에 라이터랑 숨겨 넣고 집을 나서려는데 아내가 물었다.

"어디 가세요?"

내가 지나가는 말투로 대답했다.

"도서관까지 좀 걷다 오려구."

"이 땡볕에? 저녁때 가세요."

"괜찮아요."

날이 더워서인지 사람들도 별로 보이지 않았다. 겨울에도 땀이 나는 이 길, 땀이 비 오듯 했다. 끽연일순喫煙一瞬이 기다리지 않는다면 산길 걷기가 아무리 좋은 운동이라 하더라도 나는 포기하고 말았을 것이다. 아, 담배의 위력!

이윽고 도서관 뜰에 닿았다. 역시 더워서인지 끽연시설喫煙施設이 비어 있었다. 심호흡 두어 번 하고 그늘진 의자에 앉아 담배를 꺼냈다. 땀에 반은 젖어 있었다. 그러나 그 천하일미天下一味, 맛에는 아무 다름이 없었다. 파르스름히 피어오르는 무한차곡선無限次曲線 위로 온갖 시름이 다 날아갔다.

7월 21일, 일.

아침을 먹고, 아내는 성당엘 가고 나는 도서관을 향해 산을 넘었다. 담배 한 대 피우려 이 산을 넘기 시작한 지 벌써 한 주일이다. 하루도 거르지 않았다. 늘 땀이 쏟아졌다. 오늘도 그랬다. 오전인데도 눈을 뜰 수가 없었다. 얼굴만이 아니었다. 등도 가슴도 사타구니까지 땀 흐르는 소리가 콸콸 났다. 이윽고 도서관 뜰에 이르렀다. 담배에 불을 붙여 한 모금 깊이 들이마셨다가 후우 내뿜었다.

"이거 한 대 피우려고 이 힘든 길을 왔나?"

또 한형주 선생의 이런 말소리와 '만다린'의 박수 소리가 들려왔다. 내가 속으로 말했다.

"한 선생님, 저 그동안 위가 아파서 술을 많이 자제했습니다. 그리고 담배도 하루에 한 개비입니다. 그러니까 이런 정도를 가지고 아주 나쁠 수도 있다고는 말씀하지 마십시오. 그리고 문우 회원 여러분, 하루에 한 개비쯤이야 괜찮지 않습니까?"

그러나 이렇게 말은 하면서도 담배 한 대에 코가 꿰어 꼼짝 못 하고 땀범벅으로 산을 넘는 자신이 좀 처량했다.

"아, 용렬庸劣한 자여, 그대의 이름은 연노煙奴니라."

달걀 둘 셋 하나

"이봐, 달걀 둘 셋 하나가 무슨 말이야?"

"글쎄? 달걀에다 번호를 붙였나? 그렇다면 하나 둘 셋이거나 셋 둘 하나라야지 왜 둘 셋 하나야?"

이 글의 제목이 좀 혼란스럽다면 용서하시기 바란다. 나는 오늘 아침 좀 볼 게 있어서 속담사전을 들추었는데, 그때 '달걀로 바위 치기'라는 참 턱도 없는 말이 눈에 띄었다. 순간 달걀 두 개가 아주 정다운 모습으로, 다음은 달걀 세 개가 도란거리며, 그 다음은 달걀 한 개가 간절한 기원을 드리면서 내 눈앞을 지나갔다. 아니, 이 차례는 내 착각인지도 모른다. 달걀 하나가 제일 먼저 지나갔을 수도 있다. 그러므로 차례에는 개의치 마시기 바란다.

각설하고. 여러분은 우선 달걀 두 개가 아주 정다운 모습으로 내 눈앞을 지나갔다는 말이 무슨 소리인지 모르실 것이다. 나는 이 말의 뜻을 설명하기 위하여 내가 전에 읽은 수필 한 토막을 다음에 옮기려 한다.

> 아파트 입구 공터에 매주 두 번씩 알뜰장이 선다. 저 지난 장날이다. 콩나물 천 원어치를 샀는데 좀 많았다. 그러나 퇴하기도 어려워 그냥 들고 달걀가게로 갔다. 달걀가게 새댁이 콩나물이 참 맛있어 보인다고 했다. 그래 절반을 덜어주었다. 집에 와 세어 보니 달걀 두 개가 더 들어 있었다. 나는 혹 새댁의 실수인가 해서 다음 장날 달걀 애기를 했다. 새댁은 알고 더 넣은 것이라며 콩나물 맛있었다는 말만 앞세웠다.
>
> — 박세경 ;「덤과 에누리」

그 후로 지은이는 아마 다른 달걀가게는 가지 않았을 것이다. 지금도 물론 가지 않을 것이다. 달걀 두 개가 대단해서 그런 것은 아닐 것이다. 겉으로 드러내지 않고 속으로 몰래 더 넣는 새댁의 마음 씀이 두고두고 애틋해서 그럴 것이다. 새댁도 지은이가 오면 더 반가울 것이다. 잔잔한 웃음을 띠고 자기네 가게만 찾아오는 손님……. 둘은 사고파는 사이지만 한동네 사는 착한 시누이올케처럼 늘 정답게 지낼 것이다.

여러분은 아마 달걀 세 개가 도란거리며 내 눈앞을 지나갔다는 말도 무슨 소리인지 모르실 것이다. 나는 이 말의 뜻을 설명하기 위해서도 역시 내가 전에 읽은 수필 한 토막을 다음에 옮겨야겠다.

> 서쪽 담 너머에는 세영이네가 살고 있다. 처음 세영이네가 이사를 왔을 때는 한동안 서먹하게 지냈다. 그런데 어느 날 세영이 엄마가 담 너머로 고개를 내밀었다. 그리고 이렇게 말했다.
>
> "달걀 세 개만 꾸어 주시겠어요?"
>
> 나는 달걀 세 개를 담 너머로 넘겨주었다. 잠시 후 칼국수 한 그릇이 담을 넘어왔다.
>
> –김국자 ;「귀여운 이웃들」

이 글의 달걀 세 개는 앞에 말한 달걀 두 개처럼 그렇게 애틋한 것은 아니다. 그저 꾸어 달래서 꾸어 준 것뿐이다. 세영이 엄마로서도 크게 고마울 게 없는 그저 흔한 달걀이다. 그런데 그저 그런 달걀 세 개가 칼국수 한 그릇을 불러왔다. 마침내 서먹한 담이 헐린 것이다. 그 후로 지은이와 세영이 엄마는 다른 이웃도 한 사람 더 부르고, 도란도란 이야기를 나누며 시장도 함께 가고 차도 함께 마셨을 것이다.

끝으로 달걀 하나 이야기. 다음에 보이는 글은 어느 아들이 그 어머니에게 쓴 편지의 한 부분이다. 이 글에 나오는 달걀이 한 개인지 두 개인지는 확실하지 않다. 그러나 한 개일 것이다.

한 개도 힘든 세월이었으니까.

> 어머니, 제가 고등학교 3학년 때였는데요.(중략) 하루는 축구 연습을 하고 늦게 돌아갔더니, 어머니께서 제 축구화를 빼앗아다가 아궁이에 처넣으셨어요.
>
> "난다 긴다 하는 애들도 뚝뚝 떨어지는 대학인데 넌 어쩌자고 노상 공이냐, 글쎄?"
>
> 이렇게 야단을 치시면서요. 그런 어머니께서 그래도 시합날 아침에는 손수 달걀을 익혀다 주셨지요.
>
> "이번만 하고는 공부 좀 하거라."
>
> 하시던 어머니.
>
> – 필자 ; 「어떤 아들의 편지」

그 후 아들이 서울로 대학 공부를 떠나던 그 시골 역, 기차가 산모롱이를 돌아 멀리 사라진 뒤에도 어머니는 플랫폼에 혼자 남아 오래 서 있었다. 머리가 희끗거려서야 겨우 철이 든 아들은 어머니의 그 달걀 하나가 변변치 못한 자신의 좋은 성취를 위한 가장 간절한 기원이었다는 것을 알게 되었다. 하늘에 계신 어머니, 어머니는 지금도 날마다 아침이면 그 아들을 위하여 간절한 기원의 달걀 하나를 익힐 것이다.

달걀로 바위 치기, 나는 위에서 이 속담을 참 턱도 없는 말이라고 했다. 그렇게 말할 때의 내 생각의 근저에는 당연히, 달걀은 참 약한 존재라는 선입견이 놓여 있었을 것이다. 오늘 아침

내가 본 속담사전도 약한 것으로써 강한 것에 대항하려는 어리석음 운운하면서 달걀의 약한 모습을 강조했다. 우리는 어느 누구도 달걀이 약하다는 데 이의를 제기하지 않는다. 그러나 달걀이 약하다고 해서 언제나 무력한 것은 아닌 듯하다.

외사씨外史氏가 말했다.

"그렇다. 약하다고 해서 언제나 무력한 것은 아니다. 달걀 둘 셋 하나들이 참으로 고귀한 것은 강한 바위가 할 수 없는(또는 하지 않는) 일을 자신의 힘으로 해냈기 때문이다. 약한 것의 그 위대한 힘이여, 영원히 예찬받을지어다."

-2004

다시 짧은 글 연습

– 金 선생의 近況(근황)은 이렇습니다.

이것이 좀 섭섭하다

金 선생은 지금 마나님을 모시고 – 그는 嚴妻侍下(엄처시하)다.- 큰아드님네와 함께 산다. 거기 초등학교 꼬마 두 녀석이 있어서 모두 여섯 식구다. 식구가 많다 보니(金 선생은 결코 많다고 생각질 않는데 딴 사람들이….) 쓰레기가 적지 않다.

金 선생 댁 부엌에는 쓰레기통이 셋 있다. 하나는 라면찌꺼기나 과일껍질 같은 음식 쓰레기, 하나는 찢어진 비닐봉지, 꼬마들의 과자껍질 등등의 생활 쓰레기, 또 하나는 소주병, 참치캔 같은 재활용품(이것을 쓰레기라고 하면 이놈들이 자존심 상한다고 할까?)을 담는 통이다. 金 선생은 바로 이 쓰레기 담

당인데 참 부지런하다.

金 선생이 자진해서 쓰레기 담당이 된 것은 가난한 교사의 아내로 힘들게 살아온 마나님, 싫은 내색 없이 시집살이하는 며느님이 고마워서 그러는 것이다.

물론 처음에는 金 선생이 쓰레기를 치우려고 부엌엘 가면 마나님과 며느님이 말렸다.

"내버려 두세요. 내가 있다 치울게."

"그냥 두세요, 아버님. 제가 곧 치울게요."

金 선생은 이런 말들이 듣기 좋았다. 그런데 언제부터인지 둘 다 말이 없다. 그저 치우나 보다 하는 그런 표정들이다. 金 선생은 이것이 좀 섭섭하다.

팬티는 비누질을 해서

金 선생의 둘째 따님 내외는 둘 다 數學科(수학과) 교수다. (근무하는 학교는 서로 다르다.) 그러다 보니 학회에 함께 참석하는 경우가 더러 생긴다. 그런데 이 젊은 내외에게는 초등학교 5학년짜리 딸내미가 하나 있다.(천하에 없는 외동이다.) 그래 먼 지방에서 열리는 학회에는 잘 가지 못하고, 가더라도 꼭 그날로 돌아온다. 혹 늦어질 일이 생기면 金 선생 마나님이 가서 함께 지낸다. 이 아이는 어려서 金 선생 마나님이 길렀다.

그런데 이번에는 프랑스에서 학회가 열린다. 그것도 장장

보름이나 된다. 아이를 데리고 가야 하는데 거길 가면 누가 보나? 하는 수 없이 딸 사위의 간청을 뿌리치지 못해(뿌리칠 리 없지.) 金 선생 마나님이 따라갔다.

떠나기 전날 밤 자리에 누워서 마나님이 말했다.

"티셔츠나 러닝셔츠, 양말, 수건 같은 것은 빨래바구니에 넣어서 마루에다 내놓으시고(그러면 함께 사는 며느님이 가져다 빨 것이다.) 팬티는 당신 샤워할 때(1.5평짜리 그들 전용 세면실이 안방에 붙어 있다.) 비누질을 해서 깨끗하게 헹궈 가지고 세면대 옆 빨래걸이에 널어놓으세요. 빨래바구니에 넣지 마시고."

마나님이 떠난 지 오늘로 겨우 이틀째, 김 선생은 팬티를 헹궈 널면서 마나님의 두 번째 전화를 기다렸다.

누워서 받고 앉아서 받고 서서 받고

金 선생은 매달 年金(연금)을 받는다. 이 밖에 강사료라는 것이 몇 푼 있지만 그것은 오다가다 친구 만나 삼겹살에 소주 몇 번 하면 다 없어진다. 그러니 마나님에게 가욋돈 한 푼 못 준다. 金 선생이 학교에 있을 때는 그래도 무슨 特講(특강)이다 審査(심사)다 해서 그렇지 않았다. 그러나 세월은 흐르는 것, 다 지나간 이야기다.

그런데 어느 출판사와 책을 하나 내기로 해서 오늘 계약금

50만 원이 입금되었다. 金 선생은 빳빳한 만 원짜리 새 돈으로 50만 원을 다 찾아다가 하얀 봉투에 목직하게 넣어서 마나님 앞에 슬그머니 내밀었다.

"아니, 이게 뭐예요? 돈?"

순간 마나님의 얼굴이 쨍하고 빛났다.

"돈이 그렇게 좋아?"

"그럼, 안 좋아요? 더구나 남편이 주는 돈인데. 아, 얼마 만이야, 이게?"

"남편이 주는 돈은 세종대왕이 둘이래?"

"그럼요. 남편이 주는 돈은 누워서 받고 아들이 주는 돈은 앉아서 받고 딸이 주는 돈은 서서 받는대요."

"불손하기는…."

"그럼 엎드려서 받을까?"

마나님은 천하를 다 얻은 얼굴로 돈을 세었다. 金 선생은 모처럼 목에 힘이 갔다. 아, 얼마 만이야, 이게?

파스 붙이기

마을버스 이후

내 아내는 잘라 팔 머리가 없다

카트와 트럭

낙엽설(落葉說)

묘정론(猫情論)

분이 별, 삼돌이 별

이 글이 실모기(失帽記)가 안 되기를

제비에 관하여

파스 붙이기

"아들이 좋은가 딸이 좋은가?"

나는 딸이 둘 아들이 둘인데(물론 사위도 둘이고 며느리도 둘이다.) 어느 쪽이 좋은지 아직은 잘 모르겠다. 아니, 지금까지 단 한 번도 그런 것을 생각해 본 일이 없다.

그런데 가만히 이야기들을 들어보면 딸이 좋다는 쪽으로 기울어져 있는 듯하다. 내 아내가 자기 친구에게 들었다면서 나에게 들려 준 다음 이야기에 따르면 의심할 것 없이, 아니 결정적으로 딸이 좋다.(이 이야기에는 단순히 딸이 좋다는 것만이 아니고 아들은 나쁘다는 뜻까지 함축되어 있다.) 한 번 들어보시기 바란다.

환갑還甲 할머니는 딸만 둘인데 다 잘 길러 좋은 데 시집을 보냈다. 공직公職에 계시던 영감님은 3년 전에 가시고 지금은 작은 아파트에서 혼자 산다. 딸 둘은 거의 매일 전화로 안부를 묻고, 오다가다 들러서는 청소도 하고 반찬도 만들어 놓는다. 주말이면 두 딸네가 번갈아 다녀가는데, 환갑 할머니는 사위 둘이 다 끼끗해서 미덥다. 꼬마들이 우당탕 뛰어노는 것도 늘 보기 좋다. 더러는 두 딸네가 함께 와서 저녁까지 먹고 갈 때도 있다. 환갑 할머니는 연금年金도 좀 타고 또 딸 사위가 이따금 몇 푼씩 쥐어주어서 사는 게 별로 옹색하지 않다.

한 동棟에 사는 고희古稀 할머니는 아들만 셋인데 역시 잘들 길러 좋은 데 장가 들이고 다 아파트 한 채씩 사 주어 살림을 내보냈다. 부동산不動産으로 돈 많이 버신 영감님은 10년 전에 가시고 지금은 휑한 아파트에 혼자 산다. 큰아들은 어쩌다 전화로나마 안부를 묻지만 나머지 두 아들과 세 며느리, 다섯이나 되는 손자손녀는 고희 할머니가 있는지조차 모른다. 설과 추석, 영감님 제삿날과 자기 생일에 잠깐 모였다 흩어지면 그것으로 그만이다. 돈 많은 고희 할머니는 며느리들이랑 백화점엘 가서 그 돈 한 번 써 보는 게 소원이다.

어느 날 오후, 고희 할머니가 하도 심심해서 근처 공원에나 다녀올까 하고 막 아파트 현관을 나서는데 환갑 할머니가 밖에서 혼자 들어오고 있었다.

"어디 갔다 오는가?"

"둘째가 다녀갔어요. 그래 버스 정류장까지 데려다 주고 오느라고요. 근데 혼자어딜 가세요?"

"혼자? 흥, 자네는 딸이 있으니 외롭지 않아 좋겠네."

"아니, 그게 무슨 말씀이어요?"

아들이고 며느리고 별 내왕이 없다는 것은 일찍이 알고 있었지만 고희 할머니의 이런 말은 처음이었다.

그날 공원 벤치에 앉아 고희 할머니가 환갑 할머니에게 들려 준 이야기는 대강 다음과 같다. 어제의 일이다. 등 뒤 오른쪽 어깻죽지 아래가 하도 쑤셔서 파스를 사 왔다. 그런데 한 장 꺼내 붙이려 했더니, 딱딱하게 굳은 팔이라 손이 닿질 않았다. 어찌 어찌 붙이고 보면 그 자리가 아닌 것이다. 그러기를 몇 번, 진땀이 났다. 고희 할머니는 궁리 끝에 파스 한 장을 까서 방바닥에 깔아놓고 조심스럽게 누우면서 아픈 곳을 갖다 댔다. 그리고 몇 번의 실패 끝에 겨우 한 장을 붙였다. 아들도 돈도 다 소용없는 것, 한숨이 절로 새어나왔다.

"그래서 다들 딸이 좋대나 봐요."

아내가 이야기를 마치며 한 말이다. 이 말에는 자기도 그렇다는 뜻이 숨어 있는 듯했다.(명확하게 딸이 좋다고 하지 않은 것은 아들 며느리를 염두에 두었기 때문일 것이다.)

그러나 세상에는 무심한 딸 자상한 아들들도 얼마든지 있다. 나는 아내에게 그게 다 편견이라는 말을 해 주고 싶었지만, 파스를 붙이려고 방바닥에 조심스럽게 눕는 고희 할머니의 모습 위로 우리 어머니의 주름진 얼굴이 겹쳐 와 아무 말도 하지 못했다. 어머니는 아버지 먼저 가신 12년 뒤 일흔여섯 되시던 해에 떠나셨다.

-2004

마을버스 이후

아침 일곱 시의 우리 집 대문 앞 8미터 아스팔트길은 하루를 시작하는 수많은 발소리로 활기차다. 발소리의 주인공들은 물론 우리 윗마을 사람들, 그리고 바로 우리 마을 사람들이다. 아, 저기, 키가 훤칠한 대학생 하나가 성큼성큼 인파人波 속을 내려온다. 학교길이 좀 먼 모양이다. 어제 리포트를 잘 써냈나, 아니면 오늘 여자친구와 만나기로 했나, 얼굴이 환하다. 그 옆을 내려오는 처녀도 사뭇 밝은 표정이다. 며칠 전 대리代理로 승진한 흥분이 아직도 가시지 않았나? 지금 막 우리 집 대문 앞을 지나간 30대 두 사람은 아주 친한 사이인가 보다. 무슨 이야기가 저렇게 즐거울까? 이번 명절에 보너스 타면 아들 녀석 자전거 한 대 사 주겠다는 그런 이야기일까? 40대도 50대도 60대도 다 하루를 시작하는 그 발소리가 활기차다. 그들은 그 활기찬 걸음으로 우리 아랫마을을 지나 지하철역으로 간다.

아침 여덟 시쯤 되면 우리 집 대문 앞 아스팔트길이 시끄러워진다. 윗마을 꼬마들, 그리고 우리 마을 꼬마들이 바로 학교 가는 시간인 것이다. 학교는 아랫마을에 있다. 녀석들은 남녀칠세부동석男女七歲不同席 같은 말을 전혀 모른다. 그냥 함께 어울려 끊임없이 재잘거리며 간다. 무슨 말들일까? 왜 흥부는 복을 받고 놀부는 화를 입었는지 잘 알았다는 그런 이야기일까? 아니면 박지성, 황우석, 조수미(그때는 이런 이름들이 아직 빛나기 전이지만), 또는 누구처럼 세계적인 선수, 과학자, 음악가, 또 무엇이 되겠다는 그런 이야기일까? 거북이에게 진 토끼를 깔깔 비웃는 그런 이야기일지도 모른다. 나는 이 녀석들이 착한 심성을 가지고 자라기를 바란다. 나는 이 녀석들이 꿈을 잃지 않고 자라기를, 그리고 그 꿈을 이루기 위하여 꾸준히 노력하는 사람으로 자라기를 바란다. 그들은 장차 우리의 삶을 의탁할 소중한 존재다.

오후 네 시 가까이 되면 우리 집 대문 앞 아스팔트길 건너편 전신주 아래 장이 선다. 양지바른 곳이다. 아니, 장이랄 것까지는 없다. 그냥 까만 작업복을 입은 50대 한 사람이 튀김틀에 불을 지피고 옥수수를 튀겨 파는 그런 장이니까. 그 무렵이면 볼일 보러 나갔던 마을 노인네와 여인네들이 저 아래 지하철역에서 올라온다. 그들은 이 장의 가장 귀한 고객이다. 그 중에는 거나하게 한 잔 한 노인네도 있다. 장바구니를 든 여인네도 있다. 나는 가끔 그 전신주 아래서 옥수수 튀기는 것을 구경한다. 펑 하는 그 소리, 내가 자라던 시골 마을 양지바른 담 밑에서 듣던 바로 그 소리다. 잠시 향수鄕愁가 인다. 문득 보니 거나하게 한 잔 한 노인네가 한 봉지를 집어든다. 손자 생각이 나서 그럴 것이다. 장바구니 든 여인네는 얼마냐고 묻더니 그냥 간다. 옥수수튀김장수는 그냥 가는 여인네의 그 꼭뒤가 좀 얄미웠을 것이다.

그러다 옥수수튀김장수도 가고 날이 어둑해지면, 아침에 우리 집 대문 앞 아스팔트길을 내려갔던 사람들이 하나씩 둘씩 저 아래 전철역으로부터 올라온다. 그리 가파른 길은 아니지만 그래도 아침과는 달리 걸어서 올라오는 길이 조금은 힘든 모양이다. 윗마을 사람들은 우리 마을 사람들보다 더 힘들 것이다. 그런데 퇴근 무렵에 예고도 없이 비가 퍼붓는 날이 있다. 그런 날 이 아스팔트길은 수많은 우산들로 뒤덮인다. 우산의 물결이다. 검정우산, 빨강우산, 노랑우산, 오렌지 바탕에 자줏빛 꽃무늬가 있는 우산, 어쩌다 파란 비닐우산도 있다. 보기 좋은 모습이다. 모두 전철역까지 마중 나가서 함께 돌아오는 우산이다. 그들이 집에 닿을 때면 바야흐로 돼지고기 김치찌개가 자글자글 끓고 있을 것이다. 그리고 그 댁의 주부主婦는 오늘 하루도 애 많이 쓴 가장家長을 위하여 그 찌개냄비 옆에 반주 한 잔을 따를 것이다.

이윽고 어느 집 괘종시계가 열두 점을 치면 우리 집 대문 앞 아스팔트길에 밤이 내려앉는다. 푸른 별빛이 소나기처럼 쏟아지는 그런 밤이다. 아니, 함박눈이 포근히 내리는 그런 밤일 수도 있다. 그러나 밤이라고 해서 다 잠든 밤이라고 생각해서는 안 된다. 저기 야하지 않게 팔짱을 끼고 올라오는 한 쌍 젊은이들이 있다. 연인인가, 정답기도 하다. 밀어처럼 속삭이는 그들의 대화는 저 푸른 별빛에 씻기고 씻겨서 더없이 깨끗하게 순화醇化되었을 것이다. 아, 저기 저 사람, 좀 비틀거리며 올라오는 저 사람 누구지? 40대 중반쯤은 됐나 보다. "한 많은 이 세상…." 음정도 박자도 다 자유롭다. 천천히 비틀거리며 길 건너 전신주 앞으로 다가가더니, 얼마나 지났을까, 바지를 추썩이고는 또 노래를 부르며 올라간다. 삶이 고달픈가? 어쩨 노래가 좀 슬프다. 함박눈 포근히 내리면 그의 언 가슴이 조금은 풀릴까?

위에 적은 것은 우리 집 대문 앞 8미터 아스팔트길에 아직 마을버스가 다니기 전의 일이다. 지금은 아침 일곱 시가 되어도 이 길을 걸어 내려가는 사람이 없다. 초등학교 다니는 꼬마들도 거의 다 버스를 탄다. 노인네도 주부도 다 버스를 타고 그냥 지나가는 이곳, 옥수수튀김장수도 올 일이 없다. 아무리 비가 갑자기 쏟아지는 퇴근시간이어도 이제 이 길에는 우산 물결이 일지 않는다. 야하지 않게 팔짱을 끼고 올라오는 젊은이도 없다. 한 많은 취객도 버스를 탈 것이다. 하루를 시작하는 그 활기찬 발소리, 꼬마들의 끊임없는 재잘거림, 옥수수 튀기는 그 펑 소리, 물결치는 우산들, 젊은이들의 밀어 같은 속삭임과 취객의 좀 슬픈 노래, 내 마음대로 상상을 펼치게 했던 우리 집 대문 앞 8미터 아스팔트길은 사람 삶의 이 유정有情한 것들을 다 빼앗기고 지금은 마을버스가 뿜어내는 독한 매연에 숨이 막힌다.

-2006

내 아내는 잘라 팔 머리가 없다

한 달에 한 번씩 모이는 스터디그룹이 하나 있다. 공부하는 내용은 수필쓰기의 이론과 실제, 구성원은 4, 50대의 여류 수필가 10여 명, 공부 시간은 오후 두 시부터 네 시까지 두 시간이다. 공부가 끝나면 잡담 좀 하다가 천천히 걸어서 가까운(늘 가는) 음식점으로 간다. 나는 참 영광스럽게도 이 그룹의 초빙을 받아(말하자면 선생 자격으로) 여섯 번 참여키로 했는네 오늘 그 다섯 번째를 다녀왔다.

처음 이 그룹의 초빙을 받았을 때 나는 잠깐 망설였다. 그 모이는 곳이 미아3거리 우리 집에서 너무 멀어서였다. 그런데 한 학기(여섯 번)만 맡아 달라고 해서, 그렇다면 못 갈 것도 없다 싶고, 또 어떤 사람들인가 궁금하기도 해서 그럼 그러자고 했다. 그래 가 보니 다들 글도 솜씨 있게 잘 쓰고 남의 글

보는 안목도 높아서 공부 시간이 늘 즐거웠다. 공부 끝나고 소주 한 잔 하는 것도 물론 즐겁고.

그러나 두 시간을 계속 수필 이야기만 한다면 그것은 지루한 일이다. 해서 중간에 한시漢詩 한 수씩을 읽기로 했다. 이 한시들은 모두 내가 번역하고 거기다 내 독후감(말하자면 그 한시를 소재로 한 내 수필)까지 붙여서 저장해 둔 것인데 오늘 읽은 것은 조선 순조 때의 여류시인 강정일당姜靜一堂의 「객래客來, 나그네가 찾아옴」이다. 번역시는 중학교 국어시간처럼 구성원 모두가 소리 맞추어 함께 읽고 독후감은 한 여류가 낭랑한 목소리로 혼자 읽었다.

> 내 남편 찾아온 귀한 손 한 분,
> 저 멀리 북관(北關)서 오셨다 하네.
> 집안이 가난하니 이를 어쩌나.
> 막걸리 석 잔밖에 달리 없는데.
> 遠人慕夫子, 云自北關來. 家貧曷飮食, 唯有酒三盃.
>
> ―『靜一堂遺稿』

퍽도 가난한 아내가 한 사람 있었던 모양이다. 어느 날 나그네가 하나 찾아왔다. 자기 남편을 사모하여 멀리 북관서 온 귀한 손이었다. 남편은 혹 고명한 선비였을까? 그렇지 않다면 그 먼 곳에서 사람이 찾아올 리 없다. 가난한 아내는 가슴이

뿌듯했을 것이다. 그러나 그것도 잠깐, 끼니도 잇기 어려운 처지에 무엇으로 이 귀한 손을 대접할까? 옛날의 어느 가난한 아내는 머리를 잘라 술을 사 왔다고 한다. 그럼 이 가난한 아내는 어찌했을까? 그건 알 수 없지만, 어떻든 이 아내도 술 몇 잔은 마련했다. 머리를 잘랐을까, 아니면 밭이라도 매 주겠다며 돈 몇 푼 꾸었을까?

이렇게 쓰고 보니 내 아내가 생각난다. 내 아내는 잘라 팔 머리가 없다. 밭 맬 줄도 모른다. 그러나 아무 걱정이 없다. 내 아내도 가난은 하지만 그렇다고 구멍가게에 가서 소주 몇 병 살 돈까지 없는 것은 아니다. 또 냉장고에는 돼지고기도 두어 근은 되고 생닭도 한 마리 들어 있다. 그러나 그보다도 자기 남편을 사모하여 멀리 찾아오는 나그네가 없는데 무엇이 걱정이랴.

여러분은 이 독후감의 둘째 문단을 다시 보시기 바란다. '내 아내는 잘라 팔 머리가 없다.'에 이르자 여류 제현이 일제히 키득키득 웃음을 터뜨렸다. 낭독자도 잠시 낭독을 멈추고 함께 키득거렸다. 이 말이 재미있다는 뜻일까? 당연히 그럴 것이다. 아암, 글은 재미있게 써야지. 재미없는 글을 누가 읽나? 그런데 어쩐지 뭐가 좀 개운치가 못했다. 그들이 키득키득 웃은 것이 정말 재미있다는 뜻일까? 혹

"잘라 팔 머리가 있으면 그 머리 잘라 팔아 술 사 오라구,

ㅋㅋ."

하는 뜻은 아닐까? 그래 속으로 한 마디 했다.

"그러나 여류 여러분, 오해하지 마시라. 설령 내 아내에게 잘라 팔 머리가 있다 한들 엄처시하嚴妻侍下에 있는 내가 감히 바랄 일이겠는가?"

그러고 보니 조선시대에 태어나지 못한 것이 갑자기 한스러워졌다. 그때 태어났더라면 내 아내는 내가 말하지 않아도 머리를 잘라 술을 사 왔을 것이다. 순간 또 키득키득 웃는 소리가 들려왔다.

"선생님이 무슨 고명한 선비시라구, ㅋㅋ."

3초도 안 되는 사이에 별의 별 입술 쓴 생각이 다 돌아갔다.

마침내 낭독이 이 문단 끝 부분 "자기 남편을 사모하여 멀리 찾아오는 나그네가 없는데 무엇이 걱정이랴."에 이르렀다. 여류 제현이 또 일제히 키득키득 웃었다. 무슨 뜻인가? 그렇다는 뜻인가? 그럼 나는 뭐가 되나? 허, 참. 그때 그들 중의 누구 한 사람은 당연히

"선생님, 무슨 말씀이세요? 선생님을 사모하는 사람이 어디 한둘인 줄 아세요? 우선 저부터두요."

해야 했다. 나머지도 당연히 뜨거운 수긍의 눈길을 나에게 보내야 하는 것이다. 그러면 나는 그런 데 무심한 듯이 화제를 바꾸며 속으로는 느긋하게 위선僞善을 향락했을 것이다. 순간 또 키득키득 웃는 소리가 들려왔다.

"당연? 바랄 걸 바라셔야지, ㅋㅋ."

얼큰하게 한 잔 하고 돌아오는 지하철 한구석, 시 속의 '내 남편'을 배경으로 흰 수건 쓴 그 아내의 모습이 자꾸만 눈앞에 어른거렸다. 생각건대 그 고명한 '내 남편'은 수건으로 머리 가린 자기 아내를 보고 마음이 아팠을 것이다.

"고명한 선비 안 되길 참 잘했어, 아암."

그때 다음 정거장은 미아3거리역이라는 안내방송이 나왔다. 나는 '고명한 선비 안 되기를 참 잘했어, 아암.'을 몇 번씩 되뇌며 일어설 준비를 했다. 아, 내 아내가 나의 이 갸륵한 마음을 알까?

-2005

카트와 트럭

여러분이 우리 마을엘 오면 노인 한 분이 작은 카트를 끌고 이 골목 저 골목 돌아다니는 것을 볼 수 있을 것이다. 노인이 끌고 다니는 카트는 바퀴가 두 개뿐인데 바퀴라고 해 봐야 직경 20센티쯤, 그리고 짐 싣는 나무판은 가로 60센티에 세로 30센티나 될까 말까 하는 아주 작은 것이다. 그것도 참 고색이 창연하다.

노인은 허리가 몹시 굽었다. 그러나 기골이 장대해서 젊은 시절에는 씨름판에라도 다녔음 직하다. 얼굴도 큰 편인데 나이야 어쩔 수 없는 것이어서 검게 패인 주름골이 깊다. 나는 전에 노인의 나이 여든이라는 말을 들은 일이 있다. 그것이 3년 전이다. 노인은 그 굽은 허리를 더 굽혀 ㄱ자로 몸을 꺾고 뒷짐 지듯 카트를 끌고 다닌다. 노인이 주로 주워 싣는 것은 이집 저집 대문 앞에 내다놓은 헌 박스, 신문지, 잡지 같은 것들이지만, 빈 소주병이나 맥주캔, 우유팩 같은 것도 눈에 띄면 자루에 담아 카트에 매단다. 어떤 때는 카트에 짐을 많이 실어서 뒤에서 보면 노인이 안 보이기도 한다. 그럴 때 나는 이상한 안도감 같은 것을 느낀다.

내가 노인과 그 마나님을 처음 본 것은 한 3년쯤 된다. 어느 날 저녁때 대문 앞을 쓸고 있는데 카트 하나가 짐을 잔뜩 싣고 우리 집 대문 앞에 와 멈추었다. 노인과 그 마나님이 끌고 밀고 온 것이다. 마나님은 비록 늙기는 했어도 얼굴이 노인과는 달리 퍽 맑았다. 모르기는 하지만 젊은 시절에는 미인 소리도 들었을 법했다. 무슨 말끝에 그 마나님이 말하기를 "내가 병이 있어서 약값이 많이 들어요."하고 힘없이 웃었다. 나는 좀 짠했다. 그리고 이렇게 주워 모은 짐들은 집에 가지고 가서 다시 묶을 것은 묶고 쌀 것은 싸서 차로 실어다 판다고 했다. 나는 그 '차로 실어다 판다.'는 말이 언뜻 믿기지 않았다. 그 후로 마나님은 더 보지 못했다.

우리 집에서 시장에 가자면 골목 하나를 지나게 된다. 노인은 그 골목에 산다. 노인이 사는 집은 대지 20평쯤, 건평 10평쯤의 아주 낡은 벽돌집이다. 빛바랜 푸른 철제 대문은 늘 열려 있고 그 앞에는 카트만큼이나 오래된 프라이드 한 대가 서 있다. 나는 그 낡은 차를 처음 보았을 때 적잖이 미안했다. 마당에는 언제나 헌 박스 같은 것들이 쌓여 있다. 그걸 보노라면 비가 올까 내가 걱정이다. 나는 가끔 그 마당에서 허리를 구부리고 짐을 묶는 노인을 본다. 늘 혼자다. 마나님은 어찌 된 걸까? 그럴 때마다 나쁜 상상이 뒤따른다. 나는 노인과 인사를 나눌 만큼 친숙한 사이는 아니지만, 설령 그렇지 않다 하더라도 마나님의 안부는 못 물을 것 같다.

이것은 지난 토요일의 일이다. 밖에서 점심을 먹고 들어오는데 우리 집 앞에 낯선 작은 트럭 한 대가 서 있었다. 무심히 트럭 안을 들여다보았다. 헌 박스, 신문지, 잡지, 빈 소주병, 맥주캔, 우유팩 같은 것들이 바닥에 깔려 있었다. 조금 있자니까 카키색 작업복을 입은 30대의 여인 하나가 하얀 실장갑 낀 손으로 어디서 헌 박스 두어 장을 가져다 트럭 안에 던졌다. '아니, 트럭을 세워 놓고 싹쓸이를 하자는 건가?' 나는 문득 이런 생각이 들었다. 젊은 사람이 트럭으로 싹쓸이를 하면 노인은 빈 가트를 끌고 골목을 헤맬 것이다. 순간 노인의, 그 힘없이 웃던 마나님의 얼굴이 언뜻 눈앞으로 지나갔다. 그 후, 별 소득이 없었던지 트럭은 더 오지 않는다.

우리 마을에 트럭이 더 오지 않는 것은 카트를 위하여 얼마나 다행스러운 일인지 모른다. 그러나 이 골목 저 골목 트럭을 채울 만큼 고물이 늘어나면 트럭은 또 올 것이다. 돈만 된다면 카트가 실을 것까지 다 빼앗아 싣는 것이 트럭의 생리니까. 이런 것을 생각하면 내가 불안해진다. 아, 노인의 카트가 하루도 비는 날이 없기를.

-2005

낙엽설(落葉說)

조락의 계절을 맞아 낙엽에 얽힌 정감 있는 이야기를 재미있게 써 달라, 隨筆文學社의 주문이다. 그런데 아무리 생각을 해봐도 낙엽에 얽힌 정감 있는 이야기가 떠오르질 않는다. 워낙 그런 게 없으니까. 어찌할까? 한참 붓방아를 찧고 있는데 느닷없이 옛 시 몇 수가 휘따 휘딱 눈앞을 지나갔다. 다 낙엽이 등장하는 시다.

그 가운데 제일 먼저 지나간 것이 정도전鄭道傳의 '방김거사야거(訪金居士野居, 김거사의 시골집을 방문하고)'다. 거사居士는 벼슬하지 않고 초야에 묻혀 사는 선비, 나는 전에 이 시를 '그림 속에 내가 있었네'라는 제목으로 번역한 일이 있다.

흰 구름 아스라한 가을 빈 산에/소리 없이 쌓이는

붉은 잎새들./시냇가에 말 세우고 길을 묻자니
어느덧 그림 속에 내가 있었네.

秋雲漠漠四山空, 落葉無聲滿地紅.
立馬溪橋問歸路, 不知身在畵圖中.

—『大東詩選』

선비 한 사람이 초야에 묻혀 살고 있다. 또 한 사람의 선비가 그를 찾아갔다. 때는 깊은 가을, 이제 그 찾아갔던 선비가 돌아오고 있다. 모든 욕심을 다 버리고 마음을 비운 가을 산속, 선비는 낙엽 붉게 쌓이는 오솔길로 돌아오고 있다. 그러다 길을 잃는다. 가을산 그 붉게 쌓이는 낙엽에 취하여 속세의 번잡한 일을 모두 잊은 걸까? 한 폭의 그림이다. 자연에의 완전동화.

낙엽 붉게 쌓이는 그 산길, 선비가 말을 타고 내려오던 그 길을 나도 한 번 가 볼까? 소주 한 병 잠바 주머니에 찔러 넣고 천천히 올라가 그 쏟아지는 붉은 잎새들 한 번 바라볼까? 한 잔 쭈욱 하고 바라보면 그 낙엽들 황홀도 할 것이다.

다음으로 지나간 것은 정철鄭澈의 「산사야음山寺夜吟, 산사의 밤을 읊음 또는 산사의 밤에 읊음」. 나는 전에 이 시를 소재로 해서 수필 한 편을 쓴 일이 있다. 제목은 「우수수 잎 지는 소리」. 자, 우리 함께 그 산사山寺로 한 번 가 보자.

우수수 잎 지는 소리 빗소리로 잘못 듣고
"스님, 밖을 좀 보구려. 비가 오나 본데."
스님이 내다보고 웃으며 하는 말이
"시냇가 나뭇가지에 달이 환히 걸린 걸요."

蕭蕭落葉聲, 錯認爲疎雨.
呼僧出門看, 月掛溪南樹.

－『松江集, 續集』

어느 가을 산사의 깊은 밤이다. 한 선비가 글을 읽고 있다. 공명功名도 명리名利도 다 잊고 글을 읽고 있다. 아마도 그가 읽는 그 글들은 사람의 도리를 밝히신 성현聖賢들의 말씀일 것이다. 읽다가 잠시 쉰다. 썰렁 이는 바람에 우수수 낙엽이 진다. 우수수, 우수수, 그건 꼭 성긴 빗소리, 늦도록 글 읽던 선비는 비가 오나 했다. 밖에는 시냇가 나뭇가지에 걸린 달이 저리 환한데.

착각錯覺의 미학美學, 이 시에 이런 말을 덧붙이면 시인에게 실례가 될까? 어떻든 이런 착각은 아무에게나 일어나지 않는다. 그것은 공명도 명리도 다 초월한, 시심詩心을 품고 사는 순수한 사람들에게만 주어지는 축복이다.

끝으로 하나는 정사룡鄭士龍의 「유풍악遊楓岳(풍악을 여행하고)」. 아시다시피 풍악楓岳은 가을 금강산金剛山의 별칭이다.

한 선비가 풍악을 여행하고 있다. 나는 또 일찍이 '금강산에서'라는 제목으로 이 시를 번역한 일이 있다.

> 금강산 일만이천 돌다 오는 길/흩나는 단풍 잎새
> 옷깃을 치네./정양사(正陽寺) 찬비 속에 향이 타는 밤/
> 돌아보니 사십 년을 잘못 걸었네.

> 萬二千峰領略歸, 紛紛黃葉打征衣.
> 正陽寒雨燒香夜, 蘧瑗方知四十非.

— 『大東詩選』

한 선비가 흰 도포자락 휘날리며 금강산을 구경한다. 우수수 흩나는 단풍 잎새가 옷깃을 친다. 선비는 그 낙엽을 보며 무얼 생각했을까? 드디어 밤이다. 절에 들었다. 옛날 중국 위衛나라에 거원(蘧瑗, 원문 참조)이라는 사람이 있었다. 그는 "나이 50에 이르러 지난 49년이 잘못 산 것임을 알았다(年五十而知四十九年之非)."고 했다 한다. 태어나 1년이야 말도 못 했으니 잘잘못도 없을 테니까.

선비는 지금 거원이 되어 비로소 자신의 인생 40년이 잘못 걸어온 것임을 깨닫는다. 우리 집 뜰에 감나무가 한 그루 서 있다. 한 잎 두 잎 낙엽이 진다. 허지만 열매가 소담스럽다. 나는 그 감나무 앞에 내 70년이 부끄럽다.

나도 낙엽에 얽힌 정감 있는 이야기 한둘쯤 있었으면 싶다.

그러면 隨筆文學社의 주문에도 선뜻 응할 수 있을 테고. 그러나 그런 것이 없으니 그저 옛 분들의 이런 시나 곱씹으면서 낙엽 지는 이 계절을 보낼 수밖에 없다.

-2006

묘정론(猫情論)

내가 어렸을 때 어떤 청년이 고양이를 잡아 패대기치는 것을 본 일이 있다. 그 청년이 왜 그랬는지, 그래서 그 고양이가 어떻게 되었는지는 기억에 없다. 그때 내 옆에 있던 동무 애 하나가 말하기를 저 사람 머잖아 죽을 거라고 했다. 고양이는 반드시 원수를 갚는다는 것이다. 나는 그 원수 갚는다는 말에 소름이 끼쳤다.

이것은 대학 때의 일이다. 어느 여름방학에 고향엘 갔다가 친척 한 분을 찾아뵌 일이 있다. 내가 대청에서 절을 마치자 그분은 부엌에다 대고 어서 국수라도 삶으라고 했다. 그리고는 파리채로 톡 톡 파리를 잡았다. 그러면 고양이가 기어와 날름날름 먹어치웠다. 나는 약속을 핑계로 그냥 돌아왔다. 속이 몹시 역했다.

애묘가愛猫家 제현께는 매우 송구스러운 말씀이나 나는 고양이가 싫다. 위에 말한 그 언짢은 기억 때문에 우선 그렇고, 응아응아 한밤에 자지러지게 울어대는 그 울음소리, 살금살금 삼엄한 경계를 펴며 숨죽여 걷는 그 걸음걸이도 그렇고, 무엇보다도 그 노려보는 눈빛 때문에 더 그렇다. 어쩌다 마주치면 섬뜩하다.

우리 집 작은 뜰에 어린 주목 한 그루가 서 있다. 지난 늦봄, 잡초 한 줌을 뽑다가 무심히 돌아봤더니 고양이 한 마리가 그 아래 누워 있었다. 퍽 부했다. 녀석은 꼼짝도 않고 나를 노려보았다. 그러다가 내가 한 팔을 들어 때릴 시늉을 하자 겨우 일어나 느릿느릿 뒤곁으로 사라졌다. 몸이 천근만근 무거워 보였다.

'새끼를 뱄나?'

틀림없었다. 순간 나는 좀 정신이 산란했다. 우리 집은 지하실도 있고 광도 있다. 천장도 넓다. 이만한 데가 또 있을까? 녀석이 그 무거운 몸으로 우리 집을 찾아온 것도 그래서였을 것이다. 그런데 녀석은 다시 오지 않았다. 다행이었다. 그러나 한편으로는 또, 어딜 가서 새끼를 낳을까, 제대로 낳기는 할까 공연히 궁금했다.

그리고 두어 달인가 지났다. 그동안 나는 그 고양이를 까맣게 잊고 있었다. 그러다 어느 무섭게 비 쏟아지는 날 오후, 약속이 있어 밖엘 나가다가 뜰에 멈칫 섰다. 어디서 나타났는지

고양이 한 떼가 내 앞을 가로질러 빗속을 내닫는 것이다. 어미 한 마리에 새끼 네 마리, 어미는 틀림없이 나를 노려보던 바로 그 녀석이었다.

순간 참 힘들었겠구나 하는 생각이 문득 났다. 어떻게 네 마리씩이나? 그러나 빗속을 내닫는 꼬마들은 다 건강해 보였다. 나는 녀석들이 기특하고 신기했다. 녀석들은 광 있는 쪽으로 달아났지만 광으로는 들어가지 않고 계단을 타고 광 위 장독대로 뛰어올랐다. 하지만 거기 뭐가 있겠는가, 녀석들은 다시 내려올 것이었다.

'하필 네 마리니? 너희도 딸 딸 아들 아들, 이렇게 넷이니?'

나는 네 아이를 낳아 기르면서 그 중 세 아이의 대학등록금을 동시에 내 본 일이 있다. 가난한 교사의 얄팍한 월급봉투, 참 힘들었다. 고양이가 제 새끼 대학 보낼 건 아니지만, 이 장마철에 그것들 안 굶기려면 얼마나 힘들까, 네 마리나 되는 저 철없는 새끼들은 또 얼마나 배고파 울까, 그 어미와 새끼가 다 측은했다.

나는 시간이 촉박해서 급히 집을 나섰다. 약속시간은 오후 3시, 약속장소는 어느 탁구장, 멤버는 나까지 모두 4명, 우리는 한 주일에 두 번씩 그 시간에 거기서 만나 한 시간쯤 운동을 하고 근처 단골술집엘 간다. 술은 맥주와 소주, 안주는 노가리, 부침개 등이다. 운동보다 이 한 잔 때문에 한 사람 안 빠지고 더 잘들 모인다.

그날 나는 자꾸만 그 빗속을 내달던 녀석들이 눈앞에 어른거렸다. 집에서 지하철역으로 가는 마을버스에서도 그랬고 약속장소로 가는 지하철에서도 그랬다. 탁구를 끝내고 술집에 가 앉았을 때도 녀석들이 어른거렸다. 비는 계속 퍼붓는데 녀석들 지금 어디 있을까, 천장엔 올라가지 말고 지하실이나 광에 있었으면 싶었다.

일어설 때 보니 안주 하다 남은 노가리(껍질도 포함하여)에 부침개 조각들이 접시에 제법 남아 있었다. 그때 문득, 고양이가 배부르면 쥐 안 잡는다는 말이 생각났다. 이 말이 사실인지 아닌지는 알 수 없지만, 그러나 이 빗속에 쥐가 나타날 리도 없거니와 설령 나타난다 한들 그 약아빠진 놈들 잡기가 어디 그리 쉽겠는가?

나는 종업원 아주머니에게 저것들 좀 싸달라고 했다. 그 아주머니는 왜 그러느냐 한 마디 묻지도 않고 까만 비닐봉지에다 주워 담았다. 일행 중에도 묻는 사람이 없었다. 다들 강아지 가져다주려고 저러겠지 했을 것이다. 그 아주머니는 옆 테이블에 남아 있는 꽁치 한 토막도 집어넣었다. 나는 은근히 부유해진 느낌이 들었다.

밖엘 나와 보니 그 세차던 빗줄기가 많이 약해져 있었다. 이 비 그치면 녀석들이 한데서 자도 비는 안 맞겠구나, 문득 이런 생각이 들었다. 이윽고 우리 동네 지하철역에 내렸다. 마을버스를 기다리는 사람들이 길게 늘어서 있었다. 나는 천천히 걷기로 했다. 우산 위에 떨어지는 빗소리가 좁쌀 뿌리듯 작았다. 다행스러웠다.

-2006

분이 별, 삼돌이 별

요 며칠 전, 친구들과 밖에서 저녁 겸 술 한잔을 한 일이 있다. 느직이 일어나 우리 동네 전철역에 내려 보니 열 시가 좀 지났었다. 집까지 가려면 마을버스를 타든지 걷든지 해야 하는데 그날은 취기도 좀 있고 해서 걷기로 했다. 한 10분 걸린다.

걷다가 무심히 하늘을 우러렀다. 비 오다 갠 끝이라 하늘이 더없이 푸르렀다. 별 몇 개가 아스라이 빛나고 있었다. 참 오랜만에 보는 별이었다. 반가웠다. 내가 전에 쓴 짧은 글 한 편이 생각났다. 제목은 「분이 별, 삼돌이 별」, 다음은 그 전문이다.

별을 보면 고향이 그립다.

별은 하늘에도 뜨고 샘물에도 떴다. 밤물 길어 가는 분이의 물동이에도 떴다. 물동이를 이고 가다 멀리 성황당을 바라보는 분이의 두 눈에도 별은 와 떴다.

성황당 너머엔 냇물이 흐른다. 장에 갔다 늦게 돌아오는 삼돌이가 바지 걷고 건너는 그 냇물에도 별은 떴다. 지게에는 고등어 한 손이 달랑거리는데 댕기 한 감 몰래 끊어 품 은 삼돌이의 가슴에는 분이의 서글서글한 두 눈이 별이 되어 와 떴다.

그날 밤, 반딧불이 흩나는 연자방앗간에 마을 아이들의 웃음소리도 다 사라지고 나면, 그 어둑한 지붕 위에도 푸른 별 두 개가 똑똑 떴을 것이다. 분이 별, 삼돌이 별.

별을 보면 고향이 그립다.

—필자, 『한 수필가의 짧은 이야기』

내가 자란 마을의 안산은 그리 높지 않았다. 활활 불타던 저녁놀이 가시고 어느덧 어둠이 마을을 감싸면, 무석해진 그 안산 위 아스라한 하늘에 푸른 별 두어 개가 똑똑 떴다. 안산 밑 샘물은 여름에도 손이 시렸다. 안산 위에 별이 뜨면 그 샘물에도 똑같은 푸른 별 두어 개가 와 떴다. 샘물은 넘쳐서 개울로 흘러들었다. 그 개울물에도 별 두어 개가 와 떴다. 나는 이따금 그 맑고 맑던 별들이 그립다.

마을 아낙네들은 그 샘에서 쌀을 일고 물을 길었다. 어느 여름날 해 질 무렵 삼돌이가 소를 몰고 돌아올 때였다. 분이가 물을 길어 이고 저만치 앞서 가고 있었다. 걸음을 옮길 때마다 분이의 빨간 댕기가 나풀거렸다. 삼돌이의 입에서 한숨이 새어나왔다. 분이는 갑자기 등에 불길이 이는 것 같아 뒤를 돌아보았다. 순간 삼돌이의 눈빛이 번쩍했다. 분이는 너무 떨려 어떻게 돌아왔는지 모른다. 처음이었다.

그날 밤 삼돌이는 한숨도 자지 못했다. 나풀거리던 그 빨간 댕기, 갑자기 뒤돌아보던 그 놀란 눈, 잠을 이룰 수가 없었다. 정신없이 돌아온 분이도 잠 한숨 못 잤다. 번쩍하던 그 눈빛, 처음 보는 그런 눈빛, 온밤 내내 가슴이 뛰었다. 늘 아랫집 누이 같았는데, 윗집 오라버니 같았는데 하필 그날은 그랬을까? 천지신명께서나 아실 일이다. 그 후로 삼돌이는 분이가 나물 뜯는 언덕에 나뭇지게를 세우곤 했다.

내가 자란 그 마을 사람들은 이십 리 떨어진 읍내로 장을 보러 다녔다. 닷새에 한 번씩 서는 그 장은 입심 좋은 약장수의 깽깽이 소리, 밑지고 준다는 새우젓 장수의 싸구려 소리, 별의별 소리로 온 장터가 다 떠나갈 듯했다. 그 장에서 난생처음으로 댕기 한 감 몰래 끊는 삼돌이는 누가 볼까 봐 마음을 졸였다. 가슴은 후끈후끈 덥고. 다행히 아는 사람은 눈에 띄질 않았다. 해가 서쪽으로 기울고 있었다.

마을 안산 성황당 너머에 얕은 냇물이 길게 흘렀다. 징검다리 돌 몇 덩이가 놓여 있었지만 여름날의 장꾼들은 바지를 걷고 건넜다. 그러면 땀이 가셨다. 저물녘의 그 냇물엔 이야기가 끊이질 않았다. 첫날밤에 색시 속옷 벗기느라 애먹었다는 본

동어른, 씨름판에 가 큰 소 몰았다는 밤실양반, 거짓말도 적당히 섞인 그 이야기들을 들으며 장꾼들은 폭소를 터뜨렸다. 그러나 삼돌이 귀에는 아무것도 들리지 않았다.

마을 어귀에 연자방앗간이 하나 있었다. 반딧불이 흩나는 여름밤, 마을 아이들은 거기 모여 시시덕거리며 킬킬댔다. 더러는 담배를 피우다 콜록거리는 놈도 있었다. 이윽고 밤이 늦어 아이들이 다 돌아가고 난 연자방앗간, 그 칠흑 같은 어둠 속에 댕기 한 감 몰래 받는 분이도 마음을 졸였다. 가슴은 콩콩 끊임없이 뛰고. 다행히 지나가는 사람이 없었다. 그때 하늘에선 푸른 별 두 개가 반짝반짝 빛나고 있었다.

상상은 즐거운 일, 나는 분이와 삼돌이의 첫날밤도 한 번 상상해볼까 했다. 그러나 너무 야한 것 같아서 그만두었다. 사는 모습도 한 번 상상해볼까 하다가 또 그만두었다. 밤새워 베 짜고 땡볕에 콩밭 타는 그들이 너무 고달플 것 같아서였다.

해서 내 상상은 댕기 한 감 몰래 끊는 삼돌이, 댕기 한 감 몰래 받는 분이의 그 후끈후끈 덥고 콩콩 뛰는 가슴에서 멈추기로 했다. 열정과 순수의 그 가슴들. 어느덧 우리 골목이었다. 저만치 우리 집 지붕 위에도 별 몇 개가 멀리 빛나고 있었다.

-2007

이 글이 실모기(失帽記)가 안 되기를

벌써 30여 년 전 어느 추운 겨울날 아침, 대문 앞에 쌓인 눈을 치우다가 동정이 하얀 검정두루마기에 까만 베레모를 쓰고 지나가는 한 중년 신사를 본 일이 있다. 혹 시인이었을까, 아니면 화가였을까? 그 품위 있는 차림새, 특히 그 베레모에서 나는 말할 수 없는 온화함을 느꼈다.

"나도 저런 베레모 하나 사 쓰리라."

그러나 당시 서울에는 그런 베레모가 없었다. 그런데 그 다음해 여름에 일본으로 출장을 가게 되었다. 나는 거기서 까만 빛깔의 프랑스제 하나를 샀다. 그리고 돌아와 겨울을 기다렸다. 드디어 겨울이 왔다. 어느 날 아침 출근을 할 때 나는 그 베레모를 쓰고 거울을 보았다. 그런데 이상했다. 아무리 고쳐 써 봐도 온화함이 풍기질 않는 것이다. 온화함이란 베레모에서 풍기는 것이 아니었다. 다음은 그때 나 혼자 중얼거린 말.

"마음이 온화한 사람은 전투모를 써도 온화하게 보일 거야."

―필자, 『한 수필가의 짧은 이야기』, 「베레모」

좀 섭섭은 하지만 그렇다고 비싼 돈 주고 사 온 그 베레모를 안 쓸 수는 없었다. 겨울날에, 아니 바람 썰렁한 늦가을이나 아직 찬 기운 다 가시지 않은 이른 봄에도 나는 베레모를 썼다. 지금도 쓴다. 베레모를 쓰면 온몸이 다 훈훈하다.

각설하고. 나는 40대 후반 한참 철지난 나이에 명지대학교 국어국문학과(석사과정)에 들어갔다. 여러분은 이쯤에서 낡은 가죽가방 묵직이 들고 까만 베레모 납작하게 쓴 중년 남성 한 사람을 그려보기 바란다. 게다가 안경까지 썼다. 갈데없는 교수님이다. 복도에서 마주치는 학생들이 존경의 뜻을 담아 목례를 보내고 지나갈 때 나는 그들에게 적잖이 미안했다. 그 몇 년 후 그 가짜 교수는 한국체육대학교의 진짜 교수가 되었다. 베레모를 쓰고 학교엘 가면 지나가던 학생들이 고개를 숙여 경례를 하고는 씩 웃었다. 내가 베레모 쓰고 다니는 것이 신기했던 모양이다. 그 학교에는 베레모 쓰는 교수가 없었다. 어떻든 그들에게는 미안할 게 없어서 좋았다.

세월이 휘딱휘딱 달아났다. 그동안에 내 베레모는 속으로 두른 까만 가죽 테도 모두 떨어져나가고 모자 안에 붙여놓은 빨간 상표도 죄다 닳아서 글자도 알아볼 수 없게 되었다. 그런데 지난 정월에 일본을 자주 왕래하는 내 친구 하나가 까만 베레모 하나를 사다 주었다. 언젠가 술자리에서, 이 궁상맞은 베레모 버려라, 내 새것 하나 사다 주마, 이러면서 호기롭게 잔을 비우던 친구다. 일본제다. 그날부터 나는 헌 베레모를 벽에 걸어두고 새 베레모를 썼다.

신촌 현대백화점 문화센터에 수필교실이 하나 있다. 여류 20여 명이 모여서 수필공부를 한다. 나는 선생 자격으로 매주 수요일 그 교실엘 나간다. 거기서는 해마다 봄가을로 두 번 이른바 야외수업이라는 것을 한다. 금년 봄은 지난 4월 초 청계산에 있는 어느 음식점에서 했다. 그날 비가 왔다. 나는 새 베레모에 비를 맞힐까 봐 헌 베레모를 쓰고 갔다. 다른 음식점과 마찬가지로 그 음식점에서도 신촌까지 버스를 보내주었다. 한강에 부옇게 내리는 봄비가 차창 밖에 아련했다. 그리고 그날 저녁때 우리는 또 그 버스를 타고 신촌에 돌아왔다. 비는 이미 그쳐 있었다. 드디어 집으로 돌아오는 지하철, 머리가 좀 허전했다. 베레모가 없었다. 나는 집에 닿자 곧 그날 모임을 주선한 김 선생에게 메일을 보냈다. 그는 그 음식점 주인과 잘 아는 사이다.

"우리가 밥 먹던 그 방에 놓았거나 아니면 그 버스에 두고 내린 것 같은데 한 번 알아봐 주세요. 낡아서 쓸모는 없지만 그래도 한 30년 정이 든 것이라서….”

그 다음 다음날 김 선생이 답장을 보냈다. 음식점에도 버스에도 다 없다는 것이다. 쓸 일도 별로 없을 낡은 베레모인데도 없다는 답장을 받고 나니 여간 섭섭하지가 않았다. 나와의 인연이 다한 것인가? 아니면 새 베레모에 넋 나간 주인이 야속해서 숨어버린 것인가? 별의별 생각이 다 들었다. 좀 울적했다.

그리고 이틀인지 사흘인지 지났다. 문득 신촌 그 술집이 생각났다. 그날 야외수업에서 돌아와 신촌에서 헤어질 때 나는 그 중 몇 사람과 소주 한 잔을 더 했었다. 청계산 그 음식점에도 없고 그 버스에도 없다면 그 술집에 있을 것이었다. 다음 수요일 나는 공부를 마치고 그 술집엘 갔다. 종업원 처녀가 카운터 아래 놓인 큰 상자를 열어보더니 없다고 한다. 손님들이 놓고 간 물건은 다 자기가 거기 모아둔다는 것이다. 그러나 혹 다른 사람이 다른 곳에 두었을 수도 있으니 틈나는 대로 더 찾아보겠다고 했다. 나는

“고마워요. 다음 수요일 이맘때 다시 올 테니 혹 찾거든 잘 보관해 두어요.”

하고 돌아왔다. 30년이나 나를 위하여 봉사한 베레모, 어느 구석에 처박혀 이 매정한 주인을 원망하고 있을까? 돌아오라. 아무리 네가 낡았어도 다시는 너를 박대하지 않으리라.

나는 지금 다음 수요일 오후의 그 술집을 상상하고 있다.

아니, 이거 맞느냐며 베레모를 내미는 그 종업원 처녀, 나는 그 처녀를 그려보며 이 글을 쓰고 있다. 제발 이 글이 실모기失帽記가 안 되기를.

-2007

제비에 관하여

"아, 이놈들이 다 어딜 갔어, 그래?"

오전 열한 시, 우리 집 작은 뜰에 봄볕이 환하다. 나는 지금 이 환한 뜰에 서 있다. 하늘을 우러른다. 푸른 하늘, 환한 봄볕, 헌데 이 좋은 하늘을 제비 한 마리 날지 않는다. 순간 피씩 웃음이 나왔다. 전에 쓴 짧은 글 한 편이 생각나서다. 제목은 「제비가 다리 부러지는 사건」, 다음은 그 전문이다.

> 어느덧 봄이다. 자꾸만 처마 밑이 쳐다뵌다. 서까래 하나 없는 처마 밑, 그러나 아무리 쳐다봐도 제비집이 없다. 제비집은 고사하고 제비 한 마리 얼씬하지 않는다.
>
> "빌어먹을 놈들, 저 처마 밑에 집 짓고 함께 모여 살면 좀 좋아. 그러다 보면 다리 부러지는 놈도 한 놈쯤 생길

게고. 실도 있고 약도 있고 박씨 심을 터도 있고 다 있는데, 거 참."

동장 어른이 지나다가 한 말씀 하셨다.

"이봐요, 정 선생. 제비가 다리 부러지는 사건은 아무 집에서나 일어나는 게 아녜요. 그런 것 바라면 놀부가 웃어요."

나는 좀 계면쩍어 담배 한 대를 꺼내 물었다.

—필자, 『한 수필가의 짧은 이야기』

각설하고. 우리 집은 미아리, 나는 매주 수요일 신촌에 있는 '수필교실'엘 나간다. 거길 가려면 4호선을 타고 동대문운동장에서 2호선으로 바꿔 타야 한다. 작년 어느 수요일의 일이다. 신촌에서 돌아오는 길, 우리 동네 미아3거리역에 내려보니 저만치 3번 출구 쪽에 복권 파는 박스가 하나 서 있었다. 아니, 저게 언제 생겼을까? 박스에는 무슨 전단 같은 것이 다닥다닥했다. 그러니까 전부터 있었던 건데 내 눈에는 그날 처음 띄었던 모양이다. 나는 별 생각 없이 다가가 보았다. 한 쉰쯤 되어 보이는 아주머니 하나가 하품을 하며 반은 졸고 있었다. 나는 혹시나 하는 마음에 주택복권 석 장을 샀다. 석 장을 산 것은 아마 1, 2, 3등을 다 차지하고 싶어서 그랬을 것이다. 천 원짜리 석 장으로 수억 금을 바라다니, 이는 물론 놀부가 웃을 일이지만 그때는 놀부 생각이 나지 않았다.

그 후로 나는 매주 수요일 아침 그 아주머니한테서 복권을 샀다. 그러나 꼭 석 장씩을 사지는 않았다. 내 목표가 너무 황당하다는 것을 깨달아서였을까? 지갑에 천 원짜리가 여러 장 있으면(그래도 욕심을 못 버려) 전례대로 석 장을 사고, 두 장만 있으면 두 장, 한 장밖에 없으면 한 장만 샀다. 한 장도 없을 때는 만 원짜리를 헐고 석 장을 샀는데 그럴 때는 좀 아까운 생각이 들었다. 1, 2, 3등을 다 차지하고 싶은 사람이 만 원 한 장 허는 것을 아까워하다니, 나는 이따금 내가 좀 쩨쩨해 보였다. 어떻든 나는 매주 월요일이면 아침 일찍 신문을 주워다 펼쳤다. 그럴 때면 약간의 흥분이 일었다. 혹시나 하는 기대감 때문에 그랬을 것이다. 그러나 그 '혹시나'는 늘 '역시나'였다. 어쩌다 6등 당첨(본전치기)은 더러 있었지만 그것은 혹시나 하는 내 기대에 멀리 미치지 못하는 것이었다.

그런데도 여전히 복권을 샀다. 오기인가, 집착인가, 타성인가? 월요일 아침 일찍 신문을 들여다보며 '역시나' 할 때는 기가 차 허허 웃는 놀부가 잠깐씩 생각났지만 수요일 아침 복권 파는 박스 앞에 서면 여전히 '혹시나'가 앞서 깜빡 놀부를 잊곤 했다. 다음은 어느 날에 있었던 아내와의 대화.

"당신 한 주일에 주택복권 몇 장이나 사세요?"

"평균 두 장쯤 될 거요."

"그럼 2천 원 아녀요? 주택복권 사지 말고 그 돈 모으세요. 1년이면 10만 원, 설날 손자들 세뱃돈 주고도 남겠네."

말씀은 옳으신데, 그러나 수요일이면 신촌에 안 갈 수도 없고, 가자면 지하철을 안 탈 수도 없고, 타자면 복권 파는 박스를 안 볼 수도 없고….

그런데 요 몇 달 전 어느 날엔가 보니 미아3거리역 복권 파는 박스에 불이 꺼져 있었다. 그날 나는 동대문운동장역에서 복권을 샀다. 거기선 서른쯤 되어 보이는 청년이 복권을 팔고 있었다. 그는 몸이 좀 불편해 보였다. 목을 움직이거나 손을 놀리는 것이 퍽 부자연스러웠다. 미아3거리 역 복권 파는 박스는 다음 주에도 여전히 깜깜했다. 아니, 계속 깜깜했다. 장사가 안 되어서 문을 닫은 걸까? 하품 잘하고 아는 체도 좀 하던 그 아주머니가 공연히 걱정스러웠다. 그 후로 나는 수요일마다 동대문운동장역에서 복권을 샀다. 그리고 또 얼마인가 지났다. 이번에는 이곳이 어느 날 갑자기 깜깜해졌다. 다음 주에도 여전히 깜깜했다. 역시 장사가 안 되어서 문을 닫은 걸까? '인생역전'이라는 서툰 붓글씨만 쓸쓸히 나붙어 있었다. 나는 그 몸이 불편한 청년도 또 공연히 걱정스러웠다.

그리고 무심히 몇 달이 지났다. 그동안 나는 복권을 사지 못했다. 오고가는 길에 복권 파는 곳이 없었으니까. 복권 파는 곳이야 이 두 곳 말고도 얼마든지 있겠지만, 그렇다고 그걸 사러 일부러 돌아다닐 생각은 없었다.(아시는 분은 아시려니와 내가 욕심은 좀 있어도 무척 게으른 사람이다.) 그러니 수억 금의 꿈은 이미 사라지고 만 셈이다. 덕분에 놀부의 웃음거리는 면하게 되었다.

그러나 미아3거리역이나 동대문운동장역에 다시 복권 파는 박스가 들어서면 그때 나는 어찌할까? '내 목표가 너무 황당하다는 것'을 더 절실히 깨닫고 복권 사기를 포기할까? 아닐 것이다. 한 장이든 두 장이든 혹은 석 장이든 또 사게 될 것이다. 모으는 재주라고는 쥐뿔도 없는 내가 복권 아니면 어딜 가서 수억 금을 구경하겠는가? 놀부야 웃든 말든 제비 한 마리 박씨 물고 날아왔으면….

-2007

▪ 연보

- 1935년 충청북도 영동 출생.
- 영동고등학교,
- 서울대학교 사범대학 국어교육과,
- 명지대학교 대학원 국어국문학과(석사) 졸업.
- 논산농고, 제물포고, 서울사대부고 교사,
- 문교부(현 교육인적자원부) 편수관,
  한국체육대학교 교수 역임, 현재 동대학 명예교수.

▪ 저 서

수필집 『푸르른 나무들에 저 붉은 해를』 일지사 1973
『비닐우산』 관동출판사 1976
『한국인의 향수』 문리사 1979
『중전과 시녀』 학연사 1982
『따로따로 떨어지기』 한샘출판사 1990
『열쇠와 자물쇠』 신아출판사 1997
『한시가 있는 에세이』 범우사 2002
『옛시가 있는 에세이』 범우사 2003
『한 수필가의 짧은 이야기』 수필과비평사 2005
『내 아내는 잘라 팔 머리가 없다』 수필과비평사 2006
『분이 별, 삼돌이 별』 수필과비평사 2008

선　집 『짜장면』 교음사 2000

『빛깔들의 합창』 선우미디어 2001

논　저 『韓國現代隨筆文學論』 학연사 1983

『韓國隨筆文學研究』 신아출판사 1996

『수필쓰기의 이론』 학지사 2000

『한국수필문학의 이해』 학연사 2010

『韓國隨筆文學史』 학연사 2010

역해서 『한시를 읽는 즐거움』 학지사 1997

『고전시를 읽는 즐거움』 학지사 2001

『고전산문을 읽는 즐거움』 학지사 2002

『한 수필가의 우리 옛문학 읽기』 학지사 2004

『한국고전 수필선』 범우사 2005

『한국한시선』 범우사 2006

『에세이 중국고전』 범우사 2006

『祈願의 塔-韓國詩話選』 수필과비평사 2009

e메일 주소 : mia3-11@hanmail.net

현대수필가 100인선 · 99
정진권 수필선

빙긋과 쿡

초판인쇄 | 2011년 8월 1일
초판 2쇄 | 2012년 11월 25일

지은이 | 정 진 권
펴낸이 | 서 정 환
펴낸곳 | 좋은수필사

주 소 | 서울시 종로구 익선동 30-6
운현신화타워 빌딩 3층 305호
전 화 | 02)3675-5635, 063)275-4000
등 록 | 1984년 8월 17일 제28호
홈페이지 | http://www.shinapub.com
e-mail | essay321@hanmail.net

값 7,000원

ISBN 978-89-5925-368-5 04810
ISBN 978-89-5925-247-3 (전 100권)